ベルント・シューネマン編著

ロクシン刑事法学への憧憬

ベルント・シューネマン編著

ロクシン刑事法学への憧憬

吉田宣之
浅田和茂　訳
鈴木彰雄

信山社

この本に寄せられた原稿は、──短縮されたものもあるが──2001年5月19日に、ミュンヘンのルートヴィッヒ－マクシミリアン大学において開催された、Prof. Dr. Dr. h.c. mult. Claus Roxinの古稀を記念して開催された、記念論文集の贈呈式における祝辞である。

Originally Published in Germany by Centaurus Verlag
under the title of
Claus Roxin: Person-Werk-Epoche
Hrsg. von Bernd Schünemann

Shinzansha Publisher

（近影　ご講演中のロクシン教授）

目　次

ロクシン教授古稀記念祝辞集

1 歓迎の辞

ベルント・シューネマン
吉田宣之訳

敬愛するクラウス・ロクシン、
親愛なるインメ・ロクシン、
高貴な祝賀の集い！

1　クラウス・ロクシン門下生の名で、このような大学の式典を挙行し、皆様に歓迎の辞を述べさせていただけますことは、私にとって、この上なく名誉なことであり、また、大変な喜びでもあります。この式典は、母校「ルートヴィッヒ－マクシミリアン大学」で挙行されてはいますが、大学法学部の式典であるわけではありません。というのも、記念論文集の贈呈というのは、職務上のものではなく、尊敬と友情の表現であるからですし、被祝賀者の門下生にとっては、自然発生的なものであるからです。それ故、所謂、大学で行われる、伝統的な、学者の生涯の持つ価値に対する査定とでも言えるでしょうか。もっとも、このような査定も、現在では、バイエルンの大学法およびミュンヘン大学の法学部の学部新規則によって、形式的な、年年歳歳繰り返される手続きに取って代わられています。

2　その式次によれば、まず、伝統的に、被祝賀者のこれまでの学問的なキャリアについて述べることから式典を始めることになっています。クラウス・ロクシンは、1931年5月15日にハンブルクで生まれ、2回の国家試験を輝かしい成績でパスし、ハインリッヒ・ヘンケル（Heinrich Henkel）教授の門下生として、その学問的キャリアを歩み始めました。1957年に「開かれた構成要件と法義務要素」という、1970年にはその第2版が出版されることになった著作でドクターの学位を取得し、1962年には、正に、古典的な、ドイツ法解釈学上の記念碑となり、また、2000年には、第7版が出版されることとなった研究論文、「正犯と行為支配」を教授資格請求論文として上奏しました。その後、彼は、刑法の正教授としてゲッティンゲンに招聘され、1971年にラインハルト・マウラッハ（Reinhart Maurach）の後継者としてミュンヘンへ招聘されるまで（ボッフムへの招聘を断って）、ここで活動をしました。それ以来、彼は、このミュンヘンの地で、1999年に退官するまで、全刑法学のあらゆる領域の研究と教育に、模範的に関わってきました。彼の学問的業績の目録は、今日彼に贈られた記念論文集の22頁を満たすほどの、数多きにわたっています。その中には、987頁で第3版を数え、刑法総論の指導的教科書となっている刑法総論第1分冊、1998年に第25版が出版された刑事訴訟法に加えて、刑事法および刑事政策の全領域にわたる教科書、論文集、さらには、論文が次々と書かれた様子が見て取れます。しかも、その大部分は、多くの国で、その国々の文化言語に翻訳され、出版されています。その際、重要なのは、ロクシンが、単なる資料収集家などではなく、偉大な思想提供者であり、かつ、体系家であったということです。たとえば、1962年の、過失理論を現在まで決定づけている*危険増加の理論*（ZStW 74, 411）、1963年の、ドイツ社会主義統一党政権の悪行を解決するのに連邦裁判所によって採用された（BGHSt 40, 218）、*組織的な権力機構を用いた間接正犯*というカテゴリー（GA 1963, 193）、1970年（ホーニッヒ記念論文集、133頁）以来、可能な限りの細分化がなされ、仕上げられた*客観的帰属理論*、同様に、1970年以来、6カ国の言語に翻訳された小品、すなわち、彼の全刑法学上の創作活動を決定づけ、輝きを与えている、*刑事政策と刑法体系*というアイデア集が、正に、過去数十年間の刑法解釈学の基本問題の議論のプログラムを的確に述べていることからも、明らかです。彼が、経験科学に裏打ちされると同時に、コモンセンスによって導かれた、人間的な刑事政策を真剣に希求していたことは、彼が、最初から今日まで、「代案」作成グループの構成員であったし、あり続けていることからも、また、彼が、この「少壮刑法家」グループの中にあって、比類ない一貫性を示したことからも、窺い知ることができます。

この「少壮刑法家」という名称は、この刑法総論の代案が1966年に最初に出版されたときに用いられたものです。なお、この代案は、刑法改正に対して並々ならぬ影響を与えたこともあって伝説的なものとなっています。

3　このようなすべての業績は、彼にとっては、認められるべくして認められたものであって、否定されるべくもないのです。彼の業績および彼自身によって獲得された、ドイツにおける指導的刑法学者という不動の地位のみならず、彼自身は、さほどのこともない伝統的な意味での比較法と捉えているようですが、他の追随を許さないほどの国際的名声をも得ているのです。すなわち、今までに11個の名誉博士号を外国の大学から授与されているということが、このことを雄弁に物語っているのです。一連の有意義な論文集も彼に捧げられています。たとえば、1984年の「現代刑法体系の基本問題」、1995年の「ヨーロッパ刑法の基礎」および「客観的帰属論と不作為犯の国際理論」、さらには、ゴルトダーマース・アルヒーフ1996年の5月記念号が、それです。これらのほとんどのものは、スペイン語でも出版されていますが、それ以外のものは、1997年にシルヴァ・サンチェス（Silva Sánchez）によって編集された「刑事政策と新立法（Polìtica criminaly nuevo Derecho Penal)」も、彼に捧げられています。彼は、長年にわたり、ドイツ学術振興協会およびアレクサンダー・フォン・フンボルト財団の専門判定委員でありましたし、また、彼の識見は高く評価されていますので、現在は、フライブルクのマックスプランク研究所の理事、ZStW と NStZ の共同編集者でもあります。ミュンヘンは、ハンザ同盟市民であるロクシンにとっても、30年経った今、既に故郷と呼べる存在となっていますが、市は、彼の功労を認め、「ミュンヘンの輝き－ミュンヘンの仲間」という賞の金賞を贈りましたし、同時に、彼は、バイエルン科学アカデミーの構成員でもあります。

以上、私は、ロクシンの功績についてほんの少しお話したに過ぎませんが、これとても、おそらく、本日御列席の大多数の皆さんにとっては、余計なことであったかもしれません。それは、本日お集まりのロクシンの門下生や友人達にとって、当然、すべてが周知の事実であるからです。それ故、私は、NJW を定期購読されている方は既にご存知のことと思いますが、そこに、私が、敬愛する執筆者について書きましたが、この中からほんの少しばかり借用して、この紹介の任務を早々に終えたいと思います。学問的業績についても、ここでは、ほんの少し指摘するに止めていますが、それは、本日のベルンハルト・ハフケ（Bernhard Haffke）の記念講演の対象になっているからです。

4　それでは、ご挨拶に立ち戻りたいと思います。本日の記念式典で、すべての来客を個人的にご挨拶することは、不可能ですので、私は、通例に従って、紹介を期待することの許される、著名な方々を選んで、ご紹介したいと思います。私は、52歳——法律教授招聘の限界年令（訳者注）——を過ぎましたし、また、ミュンヘン大学法学部の構成員、しかも、他の大学の招聘を心待ちにしたことすらない生粋の構成員ですから、何も気遣うことなく、ご紹介したいと思います。それ故、お名前を挙げてご紹介させていただくのは、特に尊敬を集めている来客の皆さんに限らせていただくこととといたします。

私は、クラウス・ロクシンが40年以上にもわたって忠誠を誓い、また、今日、彼がその世界的名声を高めることになった母校の公務を代表するミュンヘン大学法学部の部長ファストリッヒ（Fastrich）様をご紹介いたします。我が校の学長ヘルドリッヒ（Heldrich）は、残念ながら、公用でベニスに滞在中であるために、出席しておりません。幸いわいなことに５月ですが、その危険はないと思いますが、もしもこれが２月であれば、きっと、かつてのように、再び、「南ドイツ新聞」の大学欄が辛辣な記事を載せ、ミュンヘン大学の政策はおよそカーニバル状態だなどと批判する理由になっていたかもしれませんが。その代わりといっては失礼ですが、アウグスブルク大学の学長ボトゥケ（Bottke）様を、ロクシン門下生の出世頭としてご紹介したいと思います。次に、連邦憲法裁判所の裁判官であるビンフリード・ハッセマー（Winfried Hassemer）様をご紹介いたします。彼は、ミュンヘン大学に、刑法の教授資格請求論文を提出されました。そして、ミュンヘン市長代理の女性市議会議員シュマルッル（Schmalzl）様、お隣アウグスブルク大学法学部長ベダ（Vedder）様をご紹介いたします。最後に、このように多数お集まりの友人や仲間の中から、大変遠くから駆けつけてくださいました方々をご紹介することをお許しいただきたいと思います。ラテンアメリカから来られましたアルヴァロ・ブンステル（Álvaro Bunster）様、フーリオ・アイエル（Julio Mayer）様、マルチェロ・サンチネッティ（Marcelo Sancinetti）様と、日本から駆けつけられた齊藤誠二様、山中敬一様、および、吉田宣之様です。

このように、次々と来客の皆様をご紹介させていただいてきましたが、本日、本当に心の痛む思いがいたしますが、ご紹介できない方々もいらっしゃいます。アルトゥール・カウフマン（Arthur Kaufmann）様とディーター・モイラー（Dieter Meurer）様です。記念論文集（Festschrift）というのは、不変の論文集（feste Schrift）ではなくて、祝賀のための論文集（eine Schrift zu einem Fest）です。人間のさだめと言おうか死すべき運命にあるものと言おうか、そこには、古来よりあるいはゲーテの頃より言い続けられている、次のような言葉があります。悲しみの無い祝賀なぞ無い、痛みの無い幸運なぞ無い、憂いの無い喜びなぞ無いと申します。アルトゥール・カウフマンは、記念論文集に、「法的生命保護の相対化」について、というよりは、反対してという内容の寄稿論文を書いてくださっています。ディーター・モイラーは、「非公式の捜査」について論文を書いてくださっています。2001年4月そして2000年12月の彼らの死は、万物は流転するの諺のように、世界の流転をなんら変えるものではありませんが、我々が、我々の専門領域で活躍した印象深い２人に、死後においてもなお、この記念論文集の中で会えるということを意識させる契機になったとはいえるでしょう。私は、皆様がお２人のことをこのように考え、回想していただけますようにお願いいたします。

5　ご清聴ありがとうございました。さて、お祝いの言葉を次の祝賀者にお願いする時がまいりました。続いて、ミュンヘン大学法学部の部長であるローレンツ・ファストリッヒ（Lorenz Fastrich）教授に、ご祝辞を頂戴いたします。

2　クラウス・ロクシンへの古稀記念論文集の贈呈によせて

ローレンツ・ファストリッヒ
吉田宣之訳

敬愛する同僚ロクシン、
敬愛するロクシン夫人、
同僚並びに御臨席の皆様！

クラウス・ロクシンについて祝辞を述べることは、一面では、容易であるように思われます。それは、我々の中で、誰がクラウス・ロクシンであるか、彼の学問的業績が国内的にも、国際的にも正に異例の名声を博していることを知らない者は誰もいないからです。彼の11個にもおよぶ名誉博士号の数とその由来、彼の下へ、世界のあらゆる国から来て、名声と栄誉を手に入れた門下生の数、彼の著作の数、また、彼に授与された勲章と顕彰、学会および協会の会員資格の数、これらを目を閉じて想い起す時、祝辞の素材に不足することはないに違いありません。おそらく、クラウス・ロクシンの業績と彼に与えられた栄誉のすべてを数え上げるだけで、祝辞は終わってしまうでしょう。そして、このことが、逆に、彼に対する祝辞を難しくもしているのです。それは、そのようなことは、皆さんが既に承知されていますし、新聞等を読めば判ることですから、あらためて繰り返すまでもないのです。では、一体、これに加えて、祝辞として何を付け加えたら良いと言うのでしょうか！

それ故、私がクラウス・ロクシンの学問的業績についていまさら祝辞を申し述べることなど、期待されていないと思います。それは、むしろ、今日、この式場で、私達が贈呈されるのを目撃した記念論文集の役割です。この記念論文集の中では、多くの著者達が、彼の示唆と認識とに取り組んでいますが、それは、我々の被祝賀者が、恐らくは余人をもってはなされ得なかったように、というよりも、正になされ得なかったと言えるほどに、刑法と刑事訴訟法を実り豊なものに、また、啓発的なものにした示唆と認識なのです。

したがって、私は、ここではクラウス・ロクシンの、それ以外の側面に焦点をあて、お話しようと思います。それは、クラウス・ロクシンと彼の学部という側面です。

クラウス・ロクシンは、1971年、それ故、ほぼ30年前に、ラインハルト・マウラッハの後継者として、刑法、刑事訴訟法及び法理学一般を担当するようにとの、ミュンヘン大学法学部の正教授への招聘を受諾し、それ以後、今日まで、他の名誉な招聘をことごとく退け、この学部に忠誠を尽くしてこられました。1973年から1974年の間は、法学部長でした。その間、彼は、この巨大な学部の仕事を不平も言わず、友誼的にこなしてきました。彼の招聘は、我々の学部にとって、あらゆる点で幸運でした。人間として、同僚として。と同時に、クラウス・ロクシンは、誰からも高く評価されている、かけがえのない同僚です。彼は、争うことをしませんでした。むしろ、その逆で、周知のように、彼は、困難な状況の中にあっても、友好的かつ寛容に事態を収拾するという能力を持っている人なのです。そのように、彼は、我々の学部にあっては、専門的にも、人間的にも非常に高く評価されている同僚なのです。このような理由で、親愛なるロクシン、あなたに学部からの感謝とお祝いの言葉を伝えたいと思います。

このように、学部にとって例外的に恵まれた招聘と同時に、彼は、研究し、教育し、人々に学問的確信を抱かせてきたわけですが、それには、卓越した知性に加えて、強い集中力が必要であったと思います。それは、研究対象に没頭することのできる者のみが、他人を熱狂させることができるからです。クラウス・ロクシンは、その理論によってだけではなく、彼の話術によっても人を熱狂させたのです。私は、クラウス・ロクシンは、感嘆に値するしかも若々しい魅惑力を、どこの泉から汲み取っているのだろうかと自問自答したことがあります。それは、当然、まずは、才能です。しかし、加えて、彼が、彼の置かれた状況、環境および学部の中で恵まれていると感じていたからではないでしょうか。ハンブルクに生まれ育った彼が、ここミュンヘンに故郷を見出したのではないでしょうか。クラウス・ロクシンは、そう言っても許されると思いますが、彼の大学、学部および南ドイツの環境の中で幸福を感じていたし、また、今も感じているからなのではないでしょうか。

と同時に、クラウス・ロクシンの魅惑力と影響力にとって正に重要だと思われるのですが、しかし、あまり話題に上ることのない、もう１つの点を指摘しなければならないと思います。すなわち、実り豊な、特にここまで輝かしい教授生活には、家庭および家族の支援がどうしても必要であるということです。

親愛なるロクシン夫人、貴女は、この支援と、仕事に対する集中と喜びにとって必要不可欠な環境を貴女の夫のために、常に、しかも、効果的に作ってこられました。親愛なるインメ（Imme）夫人なくしては、今日のロクシンは、あり得ないのではないでしょうか。それ故、私の祝辞と感謝の気持ちは、貴女、親愛なるロクシン夫人にも捧げたいと思います。貴女は、夫の卓越した業績の重要な部分を担っているのです。それ故、我々の学部は、貴女にも特別に感謝しなければなりません。

さて、再び、親愛なるロクシン、貴方に、我々の学部と学部長である私が謝意を表したいと思います。私は、なによりもまず、学部に対する貴方の非常に実り豊かな貢献について感謝したいと思います。

学部に対する、および、学部内でのクラウス・ロクシンの意義を考えてみますと、当然に、まずは、彼の偉大な学問的業績でしょう。但し、この点については、ここではこれ以上深く立ち入らないことにしますが。しかし、一言だけ述べさせていただきたいと思いますが、既に若くして教授資格申請論文を上奏し、それが刑法学上の基準書となり、しかも、7版まで版を重ねるなどということが、一体、誰に許されているというのでしょうか？　この「正犯と行為支配」は、刑法の歴史といっても過言ではないでしょう。クラウス・ロクシンは、彼の学問的業績によって、我々の学部の名声をドイツ国内のみならず、特に国際的にも著しく高めたのです。今日、例えば、スペイン、日本あるいは南アメリカでドイツ刑法について語られるとき、そこで名声を博しているのは、疑いもなく、クラウス・ロクシンという名前です。

彼の講座と研究所は、常に、国内外の学者に開かれていましたし、彼は、博士の学位を授与することに伴う煩わしさをむしろ喜んで引き受け、本当に熱心に世話をし、そのために種々の手助けをしてきました。私は、クラウス・ロクシンが今日までに、国内外の何人の博士試験受験有資格者に無事博士号を授与し終えたのかは知りません。しかし、私は、何処でであったかは忘れましたが、彼の下へ外国からやって来た門下生の何人が帰郷し、教授になっているのかを記したリストを見たことがあります。その数は、28名を超えます。ドイツ刑法はミュンヘン大学の重要な一部であるとの印象を、彼の多くの外国からの門下生が彼らの故郷に持ち帰ったのです。

さらに、クラウス・ロクシンは、伝説的な教師でもあります。彼の講義によって学生達の世代は正に熱狂させられましたし、現在も熱狂しています。クラウス・ロクシンは、彼の講義およびゼミの聴衆を感激させ、魅了しました。このことは、当然、今も変わることはありません。ただ、定年退官者となった今では、教える機会も少なくなり、同時に、貴重なものとなってしまいました。クラウス・ロクシンは、教壇上に直立不動で、単調に講義をするようなタイプの人ではありません。それは、彼にとっては、まったく異質のものであると言えるでしょう。彼の教授法の特徴はと言えば、魅惑的な生命感、直裁性および具象性ですが、これらは、易々と手に入るものではなく、研究と学問とを理想的に結合することに成功した場合にのみ得られるものなのです。クラウス・ロクシンは、彼の学問的業績のように、講義の中でもゼミの中でも、安っぽい論争によって聴衆に媚を売るようなことを不要だと考えているのです。そうではなくて、提供された思想の説得力、反対意見の説明の公正さ、および、次のような能力が、その講義を魅力的なものにしているのです。すなわち、その能力とは、今までの思想をほんの少し修正し、相互に結合することによって、見るからに雑に継ぎ布が当てられ、隠されてはいるが、ぱっくりと口を開けている理論的欠陥があるところで、優美に、しかも、労せずしてかれの地歩を築くということを伝える能力です。彼の講義は、聴衆のレベルがどのようなものであろうとも、常に、標準的な知識を詰め込もうとするものではありません。学問的に高い水準のものを、しかも、非常に直裁的で、俳優もかくありなんと思われる才能を駆使して象徴化し、忘れることのできない程、聴衆の心に刻印を捺すものなのです。

これは、抽象的なものを可能な限り具象化し、関心を呼び起し、学問的理論の背後にある生活やその現実を明らかにするという特異な能力です。そしてこれは、単なる教授法という平面にあるものではなく、学問的思考過程の一部なのです。クラウス・ロクシンの講義は、他の講義がなし得ないことですが、学生に学問的思考過程への関与を可能にするものであるだけではなく、研究と教育とを、学生を熱狂させながらも、総合止揚することに成功した、また、しているのです。

私は、貴方、親愛なるロクシンに、その冷静さ、寛容さ、および、彼が我々の学部の良き同僚であったことに対して、ここで、再び、謝意を表したいと思います。私は、貴方のように、多大な成果を得、しかも、数々の栄誉に輝いた人を今までに知りません。そして、この栄典の授与は、これからも途切れることはないでしょう。ですから、つい最近のことですが、貴方にドイツ連邦功労十字賞が贈られたのですし、その少し前には、「ミュンヘン功労賞（München leuchtet)」という金メダルが授与されたのです。しかも、貴方は、このような数々の輝かしい成果にもかかわらず、今までと何ら変わらず、依然として冷静でしかも友情に厚く、実体に裏打ちされた関心を持ち続けているのですが、私は、このような人物に今まで出会ったことがありません。私が考えるに、きっと彼もこれらの栄誉を喜んでいるのだとは思います。しかし、それは、あたかも収集家が、旅の空で新しい発見をする度に喜んでいるのに似ているのではないでしょうか。しかし、何がなくとも、依然として、クラウス・ロクシンであることには変わりありません。その思想は卓越し、冷静かつ緻密ですし、また、その表現は具象的ですが、それがクラウス・ロクシンなのです。膨大な著作を世に送り出し、しかも、生きることの何たるかをも知り尽くした人、それがクラウス・ロクシンなのです。

このように輝かしい今が永遠であることを、私は、貴方のために、個人的にも学部の名においても、お祈りいたします。

皆様、ありがとうございました。

3　あるがままのクラウス・ロクシン

ホルスト・シューラー＝シュプリンゴルム
吉田宣之訳

敬愛する教授であり、名誉教授であり、博士であり、しかも現時点でおよそ12個位の名誉博士号を持っているロクシン様

親愛なるクラウス！

君の一音節、5文字の名前の前には、少し多すぎる敬称であるとは思いませんか？ しかし、それは、正に、—しばしば耳にすることですが—君の、刑法と刑事政策を包括する学者としての重要な意味を表すものだと思います。

ただ、*どのようにして人がそれほどまでに著名になっていったのか*、その点について考えてみることが、そしていくばくかの回答を出すことが、この場での私の使命だろうと思います。それは、従来より行われたようなものではなく、数十年にもわたる専門的な、また、個人的な人生の結びつきからのみ見出すことのできるようなものです。

それでは、さしずめ、ロクシンの伝記とでもいえるものになるのか？ といえば、決してそうではありません！ 私は、一見逸話風の、しかし、およそノスタルジックとはいえないような思い出か

ら、この名声へと彼を導いてきた随伴的現象をあれこれと述べることとしたいと思います。したがって、クラウスのありのままの姿のどの現象が彼の名声を説明する根拠となりうるかの点については、ご想像に任せたいと思います。

当然のことですが、こんな試みは、初めてのことです。それでは、はじめましょう。さて、何からにしようかな！

一番よいのは、ハンブルクの演習用図書館からでしょう。1961年のことですが、そこでルドルフ・ジーフェルツ（Rudolf Sieverts）が、彼の新しい助手であるクラウス・ロクシンを私に紹介してくれたのです。私は、背の高い、淡いブロンドの髪を持った若者の前に立っていましたが、彼は、読んでいたNJWから視線を上げて、ハンザ同盟都市の市民の持つ、その青みを帯びた瞳で私を親しみを込めて見つめました。彼が何も言わなかったので、私は、自然に思いついた、しかし、くだらない、「ここで何をしているんだい？」という質問をしてしまいました。彼の返事は、「NJWの最新号を読んでいるんです。」というもので、この明々白々な答えは、話を続ける何の助けにもならなりませんでした。続けて、私は、「それから何か得られましたか？」と質問してしまいました。すると、彼は、笑いながら、しかし、非常にまじめな顔をして、「ここで読んだものすべてを忘れることはないでしょう！」と答えました。私は、愚問に恥じて、この出会いの場を離れざるを得なかったのですが、奇しくも、40年後の今日、君と一緒に、ご臨席の皆様とも一緒に、ここにいるのです。これも何かの縁というものかもしれません。

淡いブロンドのこの若者は、その後、急速に、肉体的にも精神的にも、スケールの大きな個性を獲得して行きました。彼の盛況な補修授業では、私が、経済法に長年携ってきたために、法の全体像と非常に疎遠になっていたのかもしれませんが、多くの新しい認識を得ることができました。注目したいのは、当時からそうでしたが、しばしば書かれているように、彼の教授法です。事実問題を提示することからはじめて、そこから、その問題を解決するための種々の可能性について説明し、最終的には、明らかに確信のもてる解決策を提案するというものです。彼の教授法は、標語的には、「多様な選択肢のある*問い*からの唯一無二の*回答*」とでも言えるでしょうか。しかし、このようなやり方が、比較衡量なしに、あるいは、微妙な差異の考慮なしに、ストレートに実践可能だとは、思われないのですが、どうでしょうか。クラウス・ロクシン流の、ニュアンスの解釈を理解するには、以下の例を挙げることができるでしょう。我々の間には、ドイツ語と英語との間の正確な翻訳の限界について、少し見解の相違があります。私は、そもそも翻訳不可能なものがあると主張しているのに対して、彼は、それを否定しています。この点について、ひとつの例を提供しましょう。それは、イギリスでの学期を終えたばかりの、私のゼミの学生の経験したことです。彼は、あるゼミで、「教授」が、学生の研究を問題ありと、賛成できないと、疑問があると、おそらくは、むしろ議論を続ける価値すらないと思った場合に、経験したというのです。その場合に、教授は、彼の研究に対する反応を、長く伸ばし、抑揚をつけた「ウエル(Well)……」という言葉で締め括ったというのです。「我々にとって」、それは、最も恐ろしい反応であったと、私の情報提供者は、言うのです。で、クラウス・ロクシン氏は、これをも適当なドイツ語で表現できると言うのでしょうか？「当然、翻訳可能です」と、彼は、言い張るでしょうね。「では、どのようになのでしょうか？」私が、簡単に言おうとすれば、おそらく、「そうですねー、それで良いというか、むしろ、正確には、不十分であると言うべきでしょう！」と。

ハンブルクで我々が過ごした2年間は、それからの2人の長い人生を3分割するとすれば、最初のものでした。第2番目は、1967年から1971年までのゲッティンゲン大学法学部で一緒に働いた時期でした。この時期は、いわば家族交流の時期とでも言えるでしょうか。というのも、我々は、お互いに、完全に理解し合える伴侶に恵まれ、子供達も気兼ねなく預けたり、預けられたりしていたからです。シュテファニー（Stefanie）、私の家の長女は、一時的にロクシンの家で生活していたのですが、彼女は、非常に印象的な作法を身につけて帰って来ました。それは、我々がそうしてもらいた時に、端的な「お願い（bitte）！」という言葉を耳にすると思うのですが、その時に、ロクシンの子供達が使う言葉の作法です。ロクシン家では、家長にジュースの入ったグラスを取ってもらいたいと思う場合、「ジュースを取って！」とか、「私はジュースのような飲み物がほしい！」とか言わないで、「お父様、私にジュースを取っていただけませんでしょうか……」等と言うのです。それを聞いて、我々は、子供にそう言うように躾をしなおそうとしたのですが、無駄骨でした。ところがどうでしょう、30年後、シュテファニーの娘が、何か欲しい時に、「ママ、……していただけませんでしょうか？」と言うのを耳にしたのです。驚いている我々に、シュテファニーは、「私が昔の魔法の作法から解放されていると思っていたようね、図星でしょう」と言ったものです。

クラウス・ロクシンが、私の娘の滞在中に、ヘルニヤになったのですが、その時のこととして、さらにプライベートなことを聞いたことがあります。ヘルニヤのために、彼は、ベェンダー病院のベッドに横たわっていましたが、法学部では、その原因について、自宅で重いものを無理に持ち上げようとしたからだという見解が、支配的となっていました。おそらくは、道具箱では？ とんでもない大間違いであったことが、後でわかるのですが。おそらくは、梯子に登ってライプチガーコンメンタールを取ろうとして？ この意見が、幸いにも広まって、まもなく「通説」となりました。シュテファニーは、しかし、真実をよく知っていました。本当の原因は、――もちろん、重い――夢、すなわち、書類の夢だったのです。

既にお話したように、彼は、ヘルニヤが原因で、ベッドに横になって、見舞い客に会っていたわけですが、その人たちに、病状が重篤であることをしきりに吹聴していました。私には、「医者達が、今すぐにでも私が死亡すると考えているようだ。」と言っていました。あるいは、「私は、残念ながら、あの世へ行ってしまうと考えざるを得ない。」とも。もちろん、そのつど次のように言い添えていました。「幸せなことに、まだ、そうなってはいないよ、だって――見ても分かる通り――私は、まだ、生きているのだから！」と。続いて、奇妙な取り合わせになりますが、クラウス・ロクシンのもう１つの生涯のテーマ、カール・マイ（Karl May）について、述べておきたいと思います。

行為がその存在を決定するということが正しいとすれば、バルグフェルト出身のアルノ・シュミット（Arno Schmidt）もラーデボイル出身のカール・マイも、伝記的には、全く胡散臭い人物であると思われます。彼等について輝いているもの、それは、刑法のみでしたが、現在は、必ずしもそうではありません。カール・マイとの付き合いは、我々の生涯の第3番目の共通の時期以来、そう、もう4半世紀も続いています。話を続けましょう。

やっと1975年の終わりのことを話す順番になりましたが、その時、我々は、彼のストックドルフの居宅を訪問していました。再会の喜びを分かち合いながら、飲んでいた時、電灯が壊れてしまいました。ここで強調しておきたいのは、天井灯がであって、電球がではありません。私は、早速、いつものように（そして、これまた、いつものように、いとも簡単に大風呂敷を広げて）修理の手伝いを申し出ました。「しかし、そんなに簡単には直らないでしょう」とロクシン夫人のインメは、言いました。ところが、ドライバーと梯子を用いて、いとも簡単に直してしまったのです。クラウス・ロクシン自身もそう思っていたのではないかと考えて、私は、私の功績に対する賞賛の言葉を押さえ気味にしようと、さりげなく謙遜してみせました。彼は、これに反論して、「いや違うよ、そんなことは考えても見なかった。私は、以前から、そういう家庭における職人的仕事をこなす能力が全くないと言うのを常としてきました。それは、それなりの理由があるのです。すなわち、そういう仕事ができると一度でも示してしまえば、その人生は、いつもいつも繰り返しそうゆう仕事をしなければならなくなり、決して楽しいものにはならないと思うからです。」と言うのです。

では、ヴィネトゥ（Winnetou）について、話すことにしましょう。1970年代後半から80年代前半にかけて、ルートヴィッヒ・マクシミリアン大学では、「マルクス主義グループ（MG）」が活発に活動していました。彼等は、組織的に抗議をし、デモを仕掛け、闘争誌を販売し、学長ロブコビッツ（Lobkowicz）と争い始めました。ところが、ある日、彼等は、クラウス・ロクシンの刑法の基礎コースを狙い撃ちにしました。「大講堂の Karl May」というタイトルの記事を掲載し、それをゼーゲーベルクで開催された演劇祭の派手なヴィネトゥ（カール・マイの小説に登場するアッパチ族の酋長の名前── 訳者挿入 ──）の写真で飾りました。そのカール・マイの英雄の写真の下には、「大講堂の Prof. Dr. Claus Roxin」と書かれていました。大学の幹部諸氏は、責任のある学生を懲戒処分に処すべきであるとの要求を出しました。クラウス・ロクシンは、それを宥めて、結局は、少数のマルクス主義者の代表団が彼を個人的に訪れればよいということにしました。その後、彼は若者の無軌道な行動を平和的に解決した、と言われていました。しかし、謝罪がどのように正式な手続きに則り、かつ、明確になされたかといえば、いまだに不明です。しかも、行為者と犠牲者間の調整も、予防的効果をよく発揮しなかったようです。というのは、雑誌の次の号で、MGは、同じテーマを取り上げ、今回は、ヴィネトゥの肖像の代わりに、クラウス・ロクシン自身のものを人目を引くように掲載し、そこへ「大講堂のヴィネトゥ」と説明書を加えていたからです。

最後に──我々はますます齢を重ね、クラウス・ロクシンは、ますます有名になっていますが──彼を常に次の旅へと突き動かしているとも思われる、彼の、どんどん増える荷物の凄さにまつわる2つの思い出に触れておきましょう。地元と呼べる範囲でのことですが、すなわち、ミュンヘンから「代案グループ」（「ドイツ刑法代案」）の会議が開催されるフランクフルトのバード・ホンブルクまで、彼と一緒に汽車旅をする機会が、たびたびありました。その際、今日の、我々の被祝賀者が携行する荷物が、毎回びっくりするように多くなってきました。我々は、最初の内こそ、彼はパイプセットを置いてくるわけにはいかなかったのだろうと考えて、納得していました。けれども、だんだんと容積が増えてきて、キャスターがあって始めて持ち運び可能なような代物になってからは、なにか良い説明理由を見つけなければ、そのように考えることでは、不十分になってしまいました。最終的に、彼は、伝説上の怪物のような巨大なやつを持って、ミュンヘン駅に現れました。たった2日間の「代案」の会議に参加するためにですよ！ そこで、私は、興味をそそられて、この新しい経験対象の深いわけを知りたく、次のように、彼に教えたものです。すなわち、「このトランクは、非常に幅広なので、特殊なキャスターを取り付ければ、私にだって簡単にそれを斜め横に引っ張ることが出来るようになるのだが、君は知っているかい！」と。──さらに、その少し前のことですが、彼は、両腕の手首のところにそれぞれ1個、計2個の腕時計をはめるのを常とし始めたことがあります。私には、それが、かなり余分なことのように思われましたので、質問してみたところ、彼は、返答に窮するどころか、次のように適切な理由付けをして見せたのです。すなわち、「君にも解るでしょう、1つが故障したような時でも、私は、もう1つの時計で時間を知ることができるということが。」と。

最後のエピソードですが、これは、それほど時が経っていないため、予め、秩序違反が時効になっているかどうかを確かめる必要があります。法学部の同僚が夕べのご招待をしてくれたので、楽しい一時を過ごしてから、一緒に車に乗って──私のルノー・メガにロクシン夫妻と我々夫婦とが乗って──の帰り道のことです。長い時間、食事とお酒を楽しんだ後のことではあったのですが、私の運転技術は、後で判るように、まだ、問題がない状態だった?!（──訳者挿入──）時のことです。他方、クラウス・ロクシンは、熱烈な運転免許不保持者であることは、周知のことです。私がイザール橋の信号を通過した時、後部座席から、妻が、信号はもう赤だったと言いました。次の信号も──同様でした。私は、自己弁護のために、「せいぜい、サクランボ色の緑だ」と答えました。クラウス・ロクシンは、助手席に乗っていましたが、そうこうしているうちに、このことに明らかに興奮を覚えたようで、「君、もっと早く走れよ、そうすれば次の赤の信号もそのような色にすることができるぞ！」と言うのです。こんなことを、さらに、1度か（2度）ほど繰り返したと思いますが、私もすぐにこの赤信号狩りを止め、法に対する忠誠心に疑いのない心の状態に戻りました。ところが、助手席の男は、「残念、今度はうまくいかなかったぞ！」と言って、諦めていました?!

丁度、我々の最初の、「*どのようにして（そこまで）著名になったのか？*」、の問いに立ち戻るべき時に来たように思います。それは、とにもかくにも、はっきりした答えが可能になったように考えるからです。答えは、3つあります。

第1、一度読んだことを決して忘れないこと、

第2、手工具に触れないで家族に奉仕すること、

第3、あの世を心から、しかも、徹底的に研究するが、自らが実際に行ってしまうのは、うまく拒み通すこと、

です。

最後に、短く、一言。人は、「クラウス・ロクシンの様でありたい」ものですが、一体誰がそうであったでしょうか?!

4　西半球の一人の刑法学者とクラウス・ロクシンとの邂逅

エンリケ・ギンベルナート＝オルダイク
吉 田 宣 之 訳

親愛なるクラウス・ロクシン、
敬愛するロクシン夫人、
ご来場の皆様、

スペインおよびラテンアメリカの仲間を代表して、このような、クラウス・ロクシンの古稀記念論文集の贈呈に際しての大学の祝賀会で、祝辞を述べさせていただけますことは、私にとって、大変名誉なことです。

私は、祝辞を次のような、驚嘆に値するようで、しかも、妥当な意見を紹介することから始めようと思います。すなわち、クラウス・ロクシンは、時代を超えた、最も優れた、しかも、影響力のあるスペイン・ラテンアメリカの刑法学者であると。このような主張には、その根拠を示す必要があると考えますが、それは、以下のようです。

まず、クラウス・ロクシンは、スペイン語を話し、しかも、とりわけスペイン語で書くことのできる刑法学者に数えられるからです。それは、すばらしい翻訳のお陰で、彼の著作を──私は、あえて、彼の「全著作」と言えるのではないかと思うのですが──我々の母国語で読むことができるからです。「開かれた構成要件と法義務要素」から「刑事政策と刑法体系」を越えて「刑法総論」第1巻まで、「正犯と行為支配」から「刑事手続法」を越えて彼のほとんどの論文にいたるまで、すべての著作が、──否、それ以上かもしれませんが──スペイン語に翻訳されています。それどころか、ドイツ語でではなく、外国語で書かれ、──当然、その中にはスペイン語も入りますが──その国々の母国語で親しむことのできるロクシンの著作も多数あります。

確かに、常識的には、書かれたものを総て読むことはできない、と考えられるでしょう。しかし、クラウス・ロクシンの場合には、事情が異なります。そのことは、スペインの文献のみならず、ラテンアメリカの文献においても、ロクシンのように頻繁に引用される著者は、──地元出身の著者を含めて──他に居ないということから、証明されると思います。しかも、引用は、学問的文献に限られてはいません。我々の被祝賀者の正犯と共犯、未遂、客観的帰属、あるいは、正当防衛についての見解は、──ほんの2、3例を挙げたに過ぎませんが──、ラテンアメリカ文化圏の判例においても、強い共感を持って迎えられています。それ故、彼の思想と理論構築なしには、我々の学問も実務も、全く異なった外観を──おそらくは、多くの欠陥のある外観を──持つことになっただろうと思われます。

明らかに、我国の学問は、まだ、十分にロクシンに学んだとはいえないと思います。それは、彼の包括的な、しかも、教義的に可能な限り細分化され、徹底された著書、「正犯と行為支配」の翻訳本が、6カ月で品切れになった、しかも、その著作にはスペイン法に対する引用が全くないのに、という事実からも明らかです。このような出版事情は、──その翻訳本は、すぐに増刷されなければなりませんでしたが──その行為支配論が我々の間で多くの信奉者を見出したということの証左ですし、また、それどころか、その理論が、スペインの最高裁判所の判例にあっても支配的になっているということを明示しているのです。ですから、当然に、その理論がその主張者によってどのように説明され、展開されているのかを直接に知りたいと熱望されることになるのです。しかし、ここで述べたことは、ほんの一例に過ぎません。それによって、──私の知る限り──スペイン語で書かれた刑法学上の研究書が、そのように短期間で、「売り切れ」というシールが張られたのには、それなりの理由があったということが、お解かりいただけると思います。

加えて、クラウス・ロクシンのジャーナリスティックな影響について一言述べさせていただきます。スペイン語圏の刑法学に対するドイツ刑法学の多大な影響は、100年も以前からの伝統的なものです。その中にあって、本日の被祝賀者は、次のような特徴を持っています。すなわち、他のドイツの著者達──例として、リスト（v. Liszt）、メツガー（Mezger）とヴェルツェル（Welzel）の名を挙げたいと思いますが──は、我々の文化圏においては、教科書を書き、そこで刑法総論（この刑法学の分野は、極めて、超国家的な意味を持っているのですが）のあらゆる問題を取り扱っている限りにおいて、その存在の意義を持っているに過ぎないのに対して、クラウス・ロクシンの場合には、多くの著作を通じて、着実に刑法の個別問題に取り組み、我々にその限りなき名声を浸透させてきたと言ってもよいでしょう。

4　西半球の一人の刑法学者とクラウス・ロクシンとの邂逅

我々の被祝賀者の、スペインやラテンアメリカでの講演旅行や、そこで開催されたシンポジウムと会議への出席は、ブエノス・アイレスのベルグラノ大学で1970年に開催された会議から始まりました。それ以来、ロクシンは、たびたび我々のもとを尋ね、そうすることで、スペイン語を話す聴衆に、同時通訳によるか、あるいは、スペイン語で話された講演によるかのいずれかによって、我々の被祝賀者が我々自身も日ごろ追求していることですが、明確に書いているだけではなく、同時に、彼の思想を──我々の言葉に直すことのできないドイツ語で言い表すとすれば──すぐに印刷に回すことが可能な（druckreif）ほどに表現することのできる、印象深い講演者でもあることを知らしめることになったのです。

私に保障されている時間を越えることのないようにするために、ここミュンヘンでロクシンの指導を受けて成長した、スペイン語を話すロクシンの門下生のリストを読み上げるようなことは慎もうと思います。ただ、次の点を指摘するために少し時間を使うことにしたいと思います。すなわち、それは、まだ55歳前で、しかも、ロクシンの下で刑法を研究した*ことのない*、スペインの正教授で、しかも、著名なＣ３教授達のことについてです。刑法の正教授という比較的小さな集団に所属している彼等が、数年前に私に告白したところによれば、彼等は、ロクシンが講演のために最初にグラナダにやって来て、ロクシンその人を目の前にした時、その目を疑ったというのです。それは、このスペインの教授達は、それまでにロクシンの書いた多数の文献を読み、また、彼について非常に多くのことを聞いていたために、ロクシンを理想化してしまい、ロクシンが本当に生身の人間であるということにしばしば疑いを持っていたからです。

皆さんもご存知のように、ロクシンは、ずっと以前から、数多くの名誉博士号を持っています。この祝賀の式典においてスペイン語で祝辞を述べる者として、私は、特に、ここにご出席の、スペイン語圏以外に属する仲間たちに対して、次の点で明らかに優位に立っていると自慢したいと思います。それは、我々が、他のいかなる文化圏の方々にもできなかった、我々の被祝賀者の偉大な業績を四つの名誉博士号とひとつの名誉教授の称号を授与して高く評価しているということです。

最後に個人的な思い出に触れたいと思います。私は、私が、我々の共通の師であるハインリッヒ・ヘンケル教授の下で、ドイツ語の博士号請求論文をドイツ語で準備をしていた1959年に、クラウス・ロクシンと知り合いになりました。私の学問的発展を、ハンブルク時代、当時研究助手をしていたロクシンは、常にサポートしてくれましたが、それは、博士論文を作成するすべての段階で、微に入り、細にわたるもので、論文の発展と完成を助け推し進めるものでした。ロクシンというかけがえのない刑法解釈学上の人物が、当時、また、現在にいたるまで再三にわたって私の学問的潜在能力を信じてくれたということが、私が自分自身をも信じることを可能にしてくれたのです。当時の若きスペイン人の法学博士が、40年後の今日、友人クラウス・ロクシンの古稀をお祝いすることが許されたこと、大学による式典の開催者が、寛大にも、私の国とラテンアメリカの同僚の名において、感謝と法律学の天才に対する賞賛の言葉を述べさせていただくという、名誉ある機会を私に与えてくださったことは、今後の私の人生を導いてくれる、またとない、感動的な、個人的でかつ学問的な出来事という意味を持っています。また、私は祝辞を終わりまで滞りなく述べることができ、喜びに耐えません。

ご来場の紳士淑女の皆様、ご清聴感謝いたします。

5　東半球の一人の刑法学者とクラウス・ロクシンとの邂逅

齊藤誠二

いま、ここで、クラウス・ロクシン先生のゲッティンゲン大学の頃の思い出と、ロクシン先生の遙かな極東の地における学問的な影響について、少し言わせて頂くことが出来ますことは、わたくしにとって無上の喜びでもあり、この上ない名誉とも存じております。

思えば、1967年に、初めて先生にお手紙を差し上げて以来、今日までわたくしはずっと先生のご指導に預かってまいりました。思い返しますと、わたくしは、1967年の秋に突然日本からロクシン先生にお手紙を出させて頂きました。その頃、わたくしは、まだ、ドイツ刑法学の詳しい事情について知りませんでしたし、ロクシン先生のご住所も存じ上げませんでした。そこで、わたくしは、ただ、「ドイツ、ゲッティンゲン大学法学部、刑法の教授、クラウス・ロクシン先生」とだけその宛名に書かせて頂きました。

そうして、わたくしは、その手紙で、こんな様に書かせて頂きました。「わたくしは、日本の東京の１つの大学の刑法と犯罪学の助教授（当時）です。これまでに、わたくしは、こんなような論文などを世間に発表してまいりました……。わたくしは、今、先生のもとで刑法の勉強をさせて頂きたいと思っております。つきましては、わたくしは、アレクサンダー・フォン・フムボルト財団の奨学生になりたいという希望を持っておりますが、先生、ご協力頂くわけにはいかぬものでしょうか？」率直にいうと、これはまことにストレートなものであり、大変非礼な手紙でした。ところが、わたくしが手紙を出してから10日後に、わたくしは、ロクシン先生からご返事を頂きました。おそらく、こういう非礼な手紙であったにもかかわらず、ロクシン先生はその場でご返事を書いて下さったのだと思います。そこで、ロクシン先生は、こんなように書いて下さいました。「貴方がわたくしのもとで刑法の研究をして下さるということはわたくしにとって無上の名誉でもあり喜びでもあります。いつでもわたくしはわたくしにとって出来る限りの方法と努力で貴方に協力させて頂きたいと思っております。」

そうして、わたくしは先生のご協力のもとに、1970年の秋に、アレクサンダー・フォン・フムボルト財団の奨学生として、ゲッティンゲンに参ることになりました。

その頃、ゲッティンゲンの学生は、ロクシン先生は、ドイツで一番若い大学教授であり、ロクシン先生はヘーゲル以来の秀才である、と言っておりました[1]。そうして、それはまことに正鵠を射たものでした。ロクシン先生のゲッティンゲンにおける講義は極めて魅力的であり情熱的であり、学生はそれにすっかり魅了されておりました。

わたくしには、今、その頃の多くのことが昨日のことのようにありありと思い出されます。例えば、ロクシン先生は、その講義の時に、木の椅子の背もたれに腰掛けられ、その体を左右に揺らしてお

1)　1970年の冬学期にゲッティンゲンで法律学を学び始め、いま刑法学者になっている人がいる。ハレ大学のリリエ教授である。

られたといったことです。

しかし、ゲッティンゲンで、いちばん強く印象に残っているのは、次のことでした。

1970年10月の下旬に、わたくしは、はじめてその頃ゲッティンゲンの郊外のヴェエンデにあったロクシン先生のお宅をお尋ねいたしました。その時、ロクシン先生の奥様が、先生の前で、こういう質問をされました。「貴方は何故ボンにいらっしゃらなかったのですか？」（ここで一言コメントをつけさせて頂かなければなりませんが）その頃、刑法の分野では、殆どの日本の学者がボンに（ヴェルツェル先生のもとに）滞在しておりました（わずか２人の方だけがフライブルクに参りました）。即座にわたくしは答えました。「目的的行為論は、すでに、その時代の終焉を迎えました。」これに対して、ロクシン先生の奥様は間髪を入れず「全くそのとおりです！」と仰られました。その時、ロクシン先生は、ほほえみながら頷いておられました。

それから30年の歳月が経ちました。ロクシン先生は、すでに、1979年に、日本刑法学会の大会で非常に興味のある、教えられることの多い講演をされ、極めて強い印象を聴衆に与えられました。

その折、同じように、やはりわたくしは、ロクシン先生の勇気に強い感動を受けることがありました。その時の刑法学会の大会は東京でありましたが、その前にロクシン先生は大阪におられました。大阪のいくつかの大学で、先生は講演をされたのでした。大阪は東京から600キロメートル程離れております。それで、普通ですと、新幹線と言われる特急の列車で３時間程で、大阪から東京に移動することができます。ところが、ロクシン先生は、この新幹線の車中に13時間おられることになりました。それは、ロクシン先生が（東京に向かう）新幹線に乗られた時、（折悪しく）台風が来て非常にひどく荒れ狂ったからでした。その時わたしくの代わりに同僚がロクシン先生とご一緒させて頂きましたが[2)]、その同僚から、後で次のようなことを聞きました。その時、その列車に乗り合わせた多くの人達は大きな不安を持っておりました。その列車は13時間も線路の上で止まってしまい、嵐で殆ど転覆するのではないかと思われる程だったからでした。ところが、ロクシン先生は全く泰然自若としておられました。このことを聞いて、わたくしは「これはロクシン先生が、カール・マイ協会の会長[3)]として、（カール・マイが色々なところで書いた、インディアンの）拷問のための柱（の話）などで鍛えられたためであろう」と思いました。

今、極東の地では（ここでは韓国と台湾と日本という意味で使わせていただきますが）、ロクシン先生は、ドイツの刑法学者の中で全く特別の──そういわせて頂きたいと存じますが──もっとも高い地位を占めておられます。日本では、ロクシン先生の殆ど全ての本やモノグラフや論文が紹介されておりますし、その重要なものは日本語に翻訳されてもおります。そうして、ロクシン先生の学説と（その展開された）理論は日本の刑法学で非常にポピュラーなものになっております。

ロクシン先生の展開された「機能的行為支配」や「客観的帰属の理論」や（実質的な責任論とか広い意味の責任論といえる）いわゆる

2)　このときロクシン先生に随行したのは、その頃龍谷大学にいた中川祐夫教授であった。

「答責性の理論」を始めとして、その「正当防衛論」(いわゆる「原因において違法な行為」に対する決定的な批判を含んでもおりますが)や「推定的な承諾」やいわゆる「概括的な故意」や「中止未遂」や「承継的共同正犯」や「共犯処罰の根拠」や「不作為による正犯と幇助」などについての考えはもちろんのこと、その他の多くの考えが日本でも非常に知られております。(良く知られていることですが)ロクシン先生は比較的最近、いわゆる損害回復(被害回復)を刑罰と治療・保安処分と並んだ刑法の「第三の軌跡」といえるサンクシ

---

3) カール・マイは、1842年に生まれ1912年に没したドイツの少年冒険小説の(この点は争われているが)「代表的な作家」である。その作品は過去1世紀に渡ってドイツでもっとも広く読まれたものといわれている。その作品は、読者を興奮させるストーリー展開の手法と豊富な専門的な知識とその説得的な世界観とで多くの読者にファンタジーをあたえ続けてきたともいわれている。

ロクシン先生のたった1つの趣味ないしホービーといえるものは、このカール・マイのいろいろの作品を(版が変われば変わったものをも)収集しこれを味読し、これを検討し、そのもつ意味を探求することである(カール・マイの全作品はいまバムベルクのカール・マイ出版社から73巻出されており、そのポケット版がウィーンとハイデルベルクにあるカール・ウェーバーロイター出版社から出されているが、すでに古く、1892年から1910年までフライブルクのフェーゼルフエルト出版社から8つ折版で出された。ロクシン先生はこうしたものをも含めていろいろの版の作品に興味をもたれている)。

カール・マイの小説を愛好する人達が集まろうとする動きは、カール・マイが没した直ぐ後の1913年からあった。しかし、再度の世界大戦を経験し、いくつかの変遷があった。いまのカール・マイ協会は1969年3月22日につくられた。カール・マイは、その死の8日前の1912年3月22日に(いまは伝説といえるものになっているが)ウィーンで成功裡に終わった講演をした。その57年後のその日にいまのカール・マイ協会はつくられた。この創設の時からロクシン先生はその会長をしてこられた。ロクシン先生にはカール・マイの作品を刑法学の立場から分析・検討された『カール・マイと刑法と文学と』(„Karl May, Das Strafrecht und die Literatur“)という珠玉のエッセイ集(1997年)がある。

ョンとされました。この考えも日本でもすぐに非常にポピュラーなものになりました。もちろん、日本には、ロクシン先生の刑事訴訟法の教科書の翻訳も出されております。

要するに、ロクシン先生のお考えは、日本の刑法学の殆どの分野で非常にポピュラーなものになっております。そうして、それはもっとも信頼することのできるものとされております。ロクシン先生のお考えにはいつでもその独自のアイディアが示されております。ロクシン先生は、これまで1度も、他の人の考えを受け入れ、それを外国で祖述するというようなことを必要とされませんでした。

こういう点から申しますと、ロクシン先生と比べることのできるドイツの刑法学者が誰か他におられるでしょうか？

非常に残念ですが、日本の刑法学はかなり保守的です。今でも、日本では、基本的には、例えば、メツガーの考えのような比較的古い考えが、非常に有力です。しかし、わたくしは、近い将来において、日本の若い刑法学者がロクシン先生の刑法学の方向に前進されることを期して待っております。

ほぼ100年前から日本の刑法学はドイツの刑法学と深い関係を持ってまいりました。そうして、ドイツから大きな影響を受けてまいりました。日本では、「リスト」、「ベーリング」、「フランク」、「マックス・エルンスト・マイアー」、「メツガー」、「ヴェルツェル」などといった（ドイツの刑法学者の）名前が知られております。

（最後になりました。わたくしは、ここで、こういわせて頂きたいと存じます。）わたくしは、日本の刑法学は「クラウス・ロクシン」の名前をいつまでも忘れないであろうと確信いたしておりますと。

今一度いわせて下さい。わたくしは、日本の刑法学は「クラウス・ロクシン」の名前を決して忘れることはないであろうと確信いたしておりますと。

＊ これは、2001年5月19日に、ミュンヘン大学の法学部であったロクシン先生に「古稀祝賀論文集」を贈呈するための集いで、わたくしがすこし喋ったことの原稿を訳したものである。この小文にはもともと浅田教授が訳して下さった原稿があった。しかし、わたくしは当日喋った際のロクシン先生に対する多年にわたる思い入れを込めて訳したいという気持ちをもった。そこで、わたくしの訳をつくらせて頂くことにした。

その頃、わたくしは、多少健康を害しドイツにはいかれないと思っていた。ところが、間際になって急に、ごく短い期間なら海外にいくことが出来るということになった。そこで、急遽この原稿を書いた。ただ、ミュンヘンにいっても体調はあまりよくなかったので、まともに準備をすることは出来なかった。そこで、当日は、原稿は持ってはいくが、これには捕われず、フリートーキング（ドイツでいうフライ・フォアトラーク）でやることにした。ひどい発音で、いくつも文法的なミスもした。しかし、グロースマイスター（巨匠）クラウス・ロクシン先生に対する多年にわたる思い入れと熱意と気迫においては誰にも負けないつもりでやらせて頂いた。

はたせるかな終わった後で「下手なドイツ語で」といったわたくしに対して「ドイツ語などは問題ではない。問題は心情だ」と皮肉な慰めを日頃から親しいドイツの友人（ヤコプス教授やシエヒ教授など）からいわれた。

脚注では、なお、参考までに、ごく簡単ないくつかのコメントを付けておいた。

6 クラウス・ロクシンの学問的業績およびそのスタイルについての考察[1)]

ベルンハルト・ハフケ
浅田和茂訳

ロクシン先生、奥様、
学部長、
内外国からお集まりの方々、
そして皆様！

I

多くの高名な人々は、ご承知のとおり、いわば測量士（Landvermesser）でした[2)]。クラウス・ロクシンの学問的業績について、親身にかつ敬意を表しつつ、ここで若干のお話することは、私の喜び

---

1) 本稿は口頭による講演の再現である。公表に当たり若干の注と文献のみを追加した。

2) 豊富なその例の申し出から若干の者を選ぶとすれば、ヨハネス・ケプラー（1571-1630）、ジョージ・ワシントン（1732-1799）、カール・フリードリッヒ・ガウス（1777-1855）、アブラハム・リンカーン（1809-1865）となる。クラウス・ロクシンに捧げられるこの学問的式典においては、もちろん、かのもっとも高名な測量士についての言及を欠くことは許されない。すなわち、後に「オールド・シャッターハンド」という名を与えられたドイツ出身の「グリーンホーン」である。（訳注：カール・マイの小説「ヴィネトゥ（Winnetou）」の主人公である測量士に与えられたあだ名。Greenhorn（緑の角）は才能豊かな若者、Old Shatterhand（老練な破壊の手）は勇者を指す）。

とするところですが、彼もまた、その多くの著作の中で、好んで地図を示すことに努めています。すなわち、まず第1に、その地域の精確な記述と測量、つまり、彼の言によれば「典型的な事実関係の全体的位置を示す現象学」[3]の設計図が必要です。その際、さらに、彼は、「白い平地」を（もちろんロクシンがすでに「白い平地」と認識したものですが）「解釈学的地図の上で」「体系的な作業により開拓する」ことが、刑法学の緊急の課題である、と指摘しています[4]。このような測地学的な方法で、ロクシンは、たとえば挑発防衛を見るとき、「生活現象の区分けされた像、つまりある意味では正当防衛の地図が生ずる」と語っているのです[5]。これこそが、たいていはその意義が過小評価されている刑法学者の第1の作業工程なのです。そこでは、対象すなわち事実それ自体が表現されます。多くの報われない仕事がなされなければならず、また、きわめて長期の持久力と忍耐が必要なのです。彼が言葉の上だけではなく高く評価しているニコライ・ハルトマンを援用して、ロクシンは、「対象の区分けされ幾重にも入り組んだ構造にぴったりと寄り添って進む」ということを述べています[6]。このようないわば豹のような表現、別の言葉でいえば、しなやかで控えめでありながら的確な表現が、彼に、すなわち全く違った育ち方をした北ドイツ出身のロクシンに、「ぴったり寄り添って進むこと」が全く厳しい作業であることを、

---

3)　Kriminalpolitik und Strafrechtssystem, 2. Aufl., 1973, S. 30.

4)　A. a. O. (Fn. 3), S. 39.

5)　A. a. O. (Fn. 3), S. 30.（ただし強調部分は筆者による。）

6)　Täterschaft und Tatherrschaft, 7. Aufl., 2000, im Anschluß an *Nicolai Hartmann*, Die Philosophie des deutschen Idealismus, 2. Aufl., 1960 (unveränderte 3. Aufl., 1974), S. 384 f.

隠された形であるいは婉曲的に、示したのです。というのも、——マックス・ヴェーバーが『職業としての学問』の中で述べているように——「通常の場合、全く厳しい作業の土台の上にのみ、着想が準備される」のであり、「着想が作業を代替するわけではない」からであります[7]。このようにして、彼の弟子たちは、ゲッティンゲンのエーベルホーフにあったロクシン夫妻の家の、地下の書斎で交わされた印象的な会話を、好んで想起することになるわけです。

探知の作業は、幾重にも区分された地域を創り出すものではなく、ただ見えるようにするだけです。したがって、刑法学は、まずもって、心のこもった、細部が精確な、そしてとりわけ完全な、社会的現実の記述なのです。したがってまた、その体系は、まず第1に（正しく）記述する体系です。この点に、事物の本性、事物の論理、「理念の素材拘束性」といった思考の（相対的な）正当化が存在しています[8]。ラートブルフの著名な書物『法学的思考形式としての事物の本性』の中にある文章、すなわち「芸術家の理念は、それが大理石に表現されるときとブロンズに表現されるときとでは、違っている。……同様に法の理念もまた、本質的に、法の素材毎に、それによって規定されている」[9]という文章は、「われわれの刑法の体系化における法理念と法素材の関係」に関するロクシンの「若干の注釈」にあたって、常にその支持者でした[10]。この文章に

7） Wissenschaft als Beruf, 1919, S. 11.

8） Vgl. *Radbruch*, Rechtsidee und Rechtsstoff, in: ARWP 17 (1923/1924), S. 343 ff. (wieder abgedruckt in: G. W. Bd. 2, S. 453 ff.)

9） In: Festschrift für Laun, 1948, S. 157 ff., 163 (wieder abgedruckt in: G. W. Bd. 3, S. 229 ff., 237)

10） In: Gedächtnisschrift für Gustav Radbruch, 1968, S. 260 ff.

対する信仰告白は、くりかえし新たな表現で、ロクシンの全作品に貫かれています。たとえば、彼が、つぎのように語るときです。「常に増大する豊かなその刻印における法素材の貫徹」、「一連の現象を通じた進行」、「閉じた環のように最初に戻る道の終点」[11]、「全事象の考慮されるすべての個々的特徴」[12]、「全規制素材の渉猟」、「すべてのそのヴァリエーションを伴った生活現実の広がり」[13]などです。「体験の利用こそが私には常にすべてであった。空中から考え出すことは、決して私の仕事ではなかった。私は、常に、世界こそが私の天才よりもより天才的なものと考えてきたのである」[14]。このゲーテの言葉は、ロクシンの言語上および文学上の模範であると私は考えているのですが、かのトーマス・マンが、常に、自分自身に、そして彼自身の作品の自伝的内容に、関係づけてきた言葉であり[15]、それは、ロクシンの作品にとってもまたモットーとして役立ちうるものであったと思われるのです。70歳の誕生日というこのお祝いの時は、そうでなければおそらく適切とはいえないような、このような比較を、挑発し、かつ、許容してくれるはずです。その先行的な事物即応性、諸現象に対する素朴・健全でしかし常に謙虚な姿勢は――この点は、そのうえ、上に挙げた２人の保証人とまさ

---

11) A. a. O. (Fn.6)、S. 529. ロクシンが「行為者概念の弁証法」を記述している箇所。

12) In : Pflichtwidrigkeit und Erfolg bei fahrlässigen Delikten (ZStW 74, 1962, S. 411 ff., 417 ; wieder abgedruckt in : Strafrechtliche Grundlagenprobleme, 1973, S. 147 ff., 153 f.).

13) A. a. O. (Fn. 3), S. 41.

14) *J. W. Goethe*, Goethes Gespräche Erster Teil, 22. Band der Gedenkausgabe, 2. Aufl., 1964, Artemis Verlag, S. 580 (H. Laube).

15) Vgl. Schröter, Thomas Mann, 31. Auhl., 2001, S. 118.

にパラレルなのですが——、寛容形成的であり、かつ、少なくとも早すぎる評価や道徳化から自己を守るものであるといえます。それにもかかわらず、本来の意味における方法論といったものを、ロクシンは、提示しませんでした。分裂病性の教条主義は、彼には似合いません。彼は、事物の内的秩序を現出させ、風景の隠れたリズムを音響へと導くのです。自らの営為、それはもちろん、すべての営為と同様に、完全に彼独自のやり方に従ったものなのですが、その営為の記述は、しかし未だ決して方法論といったものではありません。われわれのマイスター〔親方〕が、別の関連で、すなわち60年代の終わりから70年代の始めに激しく行われた教育学、批判的教育学および反教育学をめぐる議論に際して、述べたところですが、教育は、基準を設定し貫徹することによってではなく、人がいかに在るかを通じて行われるのです。そのような存在確信および自己確信が、彼の作品を隅々まで照らしています。

皆さん。今、私の前に、クラウス・ロクシンの教授資格獲得論文「正犯と行為支配」の528頁目のコピーがあります。ご承知のように、この本は、1963年に初版、2000年に第７版が出版されています。そこには、ロクシンが、それに先行する526頁にわたって、十分にかつ興味深く報告した、地理学的および測量学的な探知の途に関する、地図学上の具体化と要約が見られます。すなわち、行為者は、具体的行為事象の中心形態である、その中心形態は、行為支配、特別義務の侵害または自手性というメルクマールによって特徴づけられる、行為支配（Tatherrschaft）は、狭義の行為支配（Handlungsherrschaft）、機能的行為支配および意思支配に分かれ、意思支配は、さらに強要による意思支配、錯誤による意思支配および組織的権力装置による意思支配に分けられる、そして錯誤による意思支配は、あらためてさらに支配の4段階に区別される、というものです。このような正犯および共犯に関する解釈学の地図は（ここではその一例を挙げるだけで、詳細はすべて割愛しますが)、今日、すべての法実務家、すべての教授およびすべての学生にとって、自明の学問的装置となっています。はたして、われわれは、ロクシン以前に、われわれが今日その中で多少なりとも歩み確かに動くことができるような地域の、このような記述および測量を有していたでしょうか。たとえ、この杭あるいはあの杭が――ロクシン自身がきわめて批判的に注視していた錯誤による意思支配の4段階[16)]、あるいは自手犯という法形態[17)]を想起していただくだけで十分ですが――誤って打ち込まれていたとしても、です。たとえ誤って打ち込まれていたとしても、彼は、たしかにそれまでに測量されていない地域における方向づけを可能にしたのです。そして、過度に複雑な世界における方向づけの確実性こそが、きわめて高い価値を有しており、そのうえ結局は熟慮を保障するものなのですから、そのような熟慮にこそ、この学問的モノグラフィーの稀に見る成果もまた、基礎を置いているといえます。

II

ロクシンは、客観的で距離を置いた測量士の役割を、法律学の議

16)　*Roxin*, Bemerkungen zum „Täter hinter dem Täter“, in: Festschrift für Lange, 1976, S. 173 ff.; Leipziger Konmmentar StGB, 11. Aufl., § 25, Rdnrn. 96 ff.; a. a. O. (Fn. 6), S. 675-677.

17)　A. a. O. (Fn. 6), S. 707-711.

論においても受け入れ、かつ、それに熟達していました。このことが、私の査定によれば、彼の著作が成功していることの第2の理由を形成しています。本来、重要なのは、──皆さんもそう考えられると思いますが──たしかに学問外の領域ではなく、むしろ学問内の領域における、正に率直な自明性、すなわち自説の誤りを証明する諸理由を蒐集すること、以外の何者でもありません。もちろん私は、このような表現をポパーに求めているのですが、すでに言及したマックス・ヴェーバーから再び引用することを、お許しいただきたいと思います。というのも、彼は、つぎのように述べているからです。

「何人かが利用に耐える教師であるとするならば、彼の第1の任務は、彼にとって不快な事実、すなわち──私の考えでは──彼の党派の見解にとって不快であるような事柄を、その生徒が認識するように教えることである。すべての党派的見解には──たとえば私自身のそれにも──そのようなきわめて不快な事実が存在する。もし、大学の教師が、その聴衆に、そのようなことに慣れることを強いるとすれば、それによって、単なる知的成果より以上のものをもたらすことになる、と信ずる。そのことを表すのに、私は、きわめて不遜と思われるであろうが、たとえそれが、おそらくは幾分感情的に過ぎ、きわめて率直な自明性というように響くことがあるとしても、『道徳的成果』という表現を用いることにしよう。」[18)]

ロクシンの、ここですでにそう呼ばれたように、共感を呼ぶ、そしてさらに1つの形容詞を付すことになりますが、バロック風の、

18) A. a. O. (Fn. 7), S. 26.（文中の強調は原文による）

自己確信、彼の暗示力、そしてそれらが摩擦を生じざるをえなかったし、またこれからも摩擦を生じざるをえないであろう、それに対する受け止めにもかかわらず、それこそが、ロクシンの生徒達が育ってきた雰囲気だったのです[19)]。そこで支配的なのは、サクソン風の学問スタイル、つまり周知のとおり討論および論争に基礎を置くスタイル、すなわちソクラテス的・対話的なスタイルです。もちろん、そのことは、ある芸術家が仕事に従事している（これはガリア風スタイル）ようではないとか、礼儀正しさが完全に保障されている（これは日本風スタイル）とか、そして最後に、アーチ橋を架けるようなジンテーゼにすべてを再びチュートン風〔典型的ドイツ風〕に組み合わせ、攻撃に対して慎重にかつ確実に防護する、といったことを意味するものと考えられるべきではありません（この点でガルトゥングの分類には、具体的に見ると、疑問が生じます)。私は、以上のような制約を、いつも副次的な事柄にすぎないと感じてきました。というのも、ロクシンが、どのように、他の諸見解を、それらが論証不足である場合に、常に認識し、叙述し、展開するか、どのようにそれらに論拠を与えるか、そして、反対説に対して、それが自説と同価値であるときあるいは同価値のものにされたときにはじめて、もちろん法則どおりにそれを克服するか、その仕方がすでに、感銘を与えるものであり、模範的なものだからです。反対説は、――ここでもまた、われわれは、ニコライ・ハルトマンおよび

19) 以下につき、*Galtung*, Struktur, Kultur und intellektueller Stil-Ein vergleichender Essay über sachsonische, teutonische, gallische und nipponische Wissenschaft, in: *Wieacker*, Das Fremde und das Eigene, 1985, S. 151 ff. 参照。

ゲオルク・フリードリッヒ・ヴィルヘルム・ヘーゲルを想起するのですが――抹殺されるわけではありません。それは、追放されるのではなく、統合されるのです。すなわち反対説の論拠もまた、ジンテーゼの中で――時には劣位に置かれた者には腹立たしいものとなりますが――、それに適合した地位を見出すことになるのです[20]。

『正犯と行為支配』の第４版（1984年）から、本書には、このテーマに関する判例・学説の最新の展開について記述し、コメントを加えた、終章（546頁以下）が追加されています。そのようにして本書は、新鮮に、かつ、活き活きと保たれているのです。ロクシンは、依然として論争の只中にあり、そのことこそが、彼の成功の秘密なのです。2000年に出版された第７版の序文には、つぎのように書かれています。

「最初に、1963年、ゲッティンゲンにおける就任に際して出版された本書は……私の教授活動の終わりに至るまで私を導いてきたものであり、退職後も私をさらに働かせることになるでしょう」と。

　われわれは望んでいます。それが多年にわたることを（ad multos annos）。

ロクシンの知的スタイル、すなわち物事の全体的・具体的かつ概観的な見方、彼の著作に常に繰り返し煌めく、正に稀有の活き活きとした主張と反論の能力、一方では、世界に開かれた姿勢と寛容、他方では、忍耐と沈着さ、このようなスタイルは、さらに、特定の

20）　この点については、再度、ロクシン自身の叙述（a. a. O.（Fn. 6), S. 528-531）を参照されたい。

内容を有する主張が義務づけられるような、ロクシン学派を打ち立てることには、役立たないものとなっているのです。対話および法学的レトリックのマイスターとして、彼は、教師であり、また、教師でありつづけますが、決して指導者（Führer）ではありません[21)]。学者としての仕事への情熱が常に支配しつづけているのです。

III

私は、ロクシンの学問的著作を称えるというこの試み――当然のことながら最初からきわめて主観的に行われざるをえないこの試み――において、どうしても、もう１つの点に言及しなければなりません。すなわちクラウス・ロクシンの言語についてです。もっとも、ここでは、それを非常に短くまとめることにせざるをえません。というのも、ここは、言語学的分析を行いうるような場ではなく、そのうえ、私は、その分野について全くの門外漢だからです。ロクシンの言語は明晰です。それは彼の思考が明晰だからです。ロクシンの言語は、上品で明朗です。とりわけ、反語的にいえば、疑いもなくそれが、学問的著述家としてのロクシンの成功を保障するものの１つなのです。何故でしょうか。第１には、何といっても反語が内在する明朗さは、物事からその行き詰まるような負担と重さを取り除き、それによってさらに、貪欲な（！）観察者に対して物

21)　*Max Weber* (Fn.7), S. 29. ゲーテに関するグスタフ・ランダゥアーの言葉「彼は、彼自身の完成者としてマイスターと呼ばれうるのであり、ある学派の設立者としてマイスターだったわけではない」(vgl. Werkausgabe, Band 3 ; Dichter, Ketzer, Außenseiter, 1997, S. 34 ff. ; hier zitiert nach der Wiedergabe von *Käthe Kollwitz*, Die Tagebücher, 1989, S. 284) 参照。

事を再び投げ返すことになるからです（この点については後にまた触れます)。第2に、現実に対して反語的に（批判的にではなく）距離を置くことは、概念的な精確さによって逆説的に生ずる精確性の喪失を、意味の充溢と解明可能性とを獲得することによって、埋め合わせることができるからです。反語が、まさに全体を動揺へと導くのです[22]。──ロクシンのような知者はどのみち知ることとなるところですが──クラウス・ロクシンの保証人それどころか彼の精神的近親者であるトーマス・マンに語っていただくことにしましょう。1921年に行われたゲーテとトルストイに関する彼のすばらしい講演、副題を人間性の問題についての断章と題する講演で、つぎのように述べられています。

「決断とした態度は美しい。しかし、本来稔り豊かな原理、生産的な原理したがってまた芸術家的な原理をわれわれは留保と呼ぶ。われわれは、それを、音楽において［先行和音の］掛留という苦痛ともいえる幸運として愛する……（そしてまたわれわれは）精神世界においてそれを反語として愛する。──両面に向けられたかの反語は、心がこもっていないとまではいえないとしても、狡猾にかつ無愛想に、対立物の間で遊戯し、支持と決断とをとくに急がない。重大な事柄、人間に関する事柄において、どの決断も早すぎること発効前であることを示そうとする、そして決断ではなく調和こそが目標であることを示そうとする、そういう期待に満ちているのである」と[23]。

22）この点および以下の叙述につき、*Baumgart*, Das Ironische und die Ironie in den Werken Thomas Manns, 2. Aufl., 1966 (als Taschenbuchausgabe 1974) 参照。

トーマス・マンは、反語を「中庸のパトス［情念］」と呼びました。そして彼の生存中を通じて彼に付き従っていたこの悩み（Leiden）すなわち情熱（Leidenschaft）の中に、人間性を基礎づけたのです。クラウス・ロクシンの学問的かつ著述家的作品を記述し評価する点で、これ以上に良好かつ適切で、これ以上に美しくかつ愛情に満ちたものがあるでしょうか。いずれにせよ、ここに容易に見て取れることは（それもまた再び全くロクシンの教授法の意味においてですが）、形式は内容に外部から強制的にかぶせられているものではなく、むしろ内容は形式であり、形式は内容であること、すなわち理念の素材規定性ということなのです。

IV

皆さん、次の章を開くことにします。すなわち、ロクシンが、法の地域の精確な探索と記述とにいかに高い価値を置き、それを推し進めてきたかということ、他方において、彼が全くの最初からいかに激しく、事物論理的な、より正しくは事物論理的を仮想した、構造から、一見必然的に見える価値哲学的および教義学的な結論を導くことに対して反対の立場を表明してきたかということです。それは、最初に、1959年に出版された彼の博士論文『開かれた構成要件と法義務のメルクマール』[24]において行われています。そこには、まさにロクシンの基本的な方法的および解釈学的な立場とカテゴリ

23）　*Thomas Mann*, Werke, Das essayistische Werk, Taschenbuchausgabe, Erster Band: Schriften und Reden zur Literatur, Kunst und Philosophie, 1968, S. 132 ff., 216.

24）　2. Aufl., 1970, S. 103 f.

ーの多くのものが、少なくともその胡桃の殻の中に（in nuce）すでに存在しています。そしてその後、彼の教授資格獲得記念講演から生まれた浩瀚な著書『目的的行為論の批判について』[25]、この著書はロクシンの最初の刑法方法上の信仰告白を含むものですが、その中でさらに深められ詳細に根拠づけられました。そこで重要なのはつぎの2点です。第1は、真に客観的で精確な、すなわち単に偏向的ではない、自説を把握不可能にするような、事柄それ自体の叙述であります──すでに全く初期のロクシンの場合に、紛れもなく、容易に反語的であったことを示すものですが、事物論理的な構造は、実際には、その弁護者が考えているのとは幾分違って（ここで考えられているのはもちろん「全く違って」ということですが）進行する[26]、と述べています。他方、第2は、規範的な自由の根拠づけとその確立です。それは──逆説的なあり方で──事柄それ自体が精確に記述され測定されればされるほど、それだけ良く達せられます。最初の作業工程は、最初にロクシンについて述べたように、地図の作成です。第2の工程は、道標の記入です[27]。その道標として彼が理解しているのは、刑法の国内的パースペクティヴにおいて指導的な解釈学上の視点[28]、すなわち指導的な刑事政策的視点です──たとえば、正当防衛の場合であれば、自己保存の原理、法の確証の原理そして比例原理です[29]──。「法素材と行動規準の相互作用から、事例ごとに変更された解決が明らかになる。その解決は、高度に、

25) In : ZStW 74, 1962, S. 515 ff. (wieder abgedruckt in : Strafrechtliche Grundprobleme, 1973, S. 72 ff.).

26) A. a. O. (Fn. 24), S. 104 ; s. a. Strafrechtliche Grundlagenprobleme, 1973, S. 80 f.

27) A. a. O. (Fn. 3), S. 30.

明確性と刑事政策的正当性とを結び付ける」[30]という言明を、われわれは、ロクシンの刑法方法上の第2の信仰告白に、すなわち1970年5月13日、ベルリンで行われ、この間6カ国語、つまりスペイン語、日本語、英語、韓国語、イタリア語そしてポルトガル語に翻訳された講演に、見出します。「刑事政策と刑法体系」──これは当時まさに時代のテーマでした[31]──その中で、このような思考は、犯罪の個々の体系的カテゴリー、すなわち構成要件、違法性そしてとりわけ責任、この責任を、ロクシンは、刑法上の答責性に改名させたのですが、これらについて、基本方針に則して展開し稔りあるものにしました。彼は、「われわれの体系の第3の基本的カテゴリー、すなわち『責任』は、刑事政策的に、刑罰目的論にしたがって特徴づけられる。一度、行為者の行為が社会的な葛藤の規制という立場から見て誤りであると確定された場合、解釈学的作業になお残されているのは、そのような態度が刑罰に値するかという、つぎの問いに答えることだけである」と述べています[32]。このようなコンセプトにおいて、責任ないし他行為可能性の意味における回避可能性

28)　「刑法は、むしろ、その中で刑事政策的目標設定が法的妥当という方法へと移送されところの形式である」(Roxin, a. a. O. [Fn. 3], S. 40)。ロクシンは、この点に、フランツ・フォン・リストの二元主義的構想に対する決定的進展を見出したのである（vgl. ZStW 81, 1969, s. 613 ff.; wieder abgedruckt in: Strafrechtliche Grundlagenprobleme, 1973, S. 32 ff.)。

29)　この点につき、*Roxin*, ZStW 75, 1963, S. 541 ff. 貸借対照的に示したものとして、ZStW 93, 1981, S. 68 ff. 参照。

30)　A. a. O. (Fn. 3), S. 30.

31)　Vgl. *Winfried Hassemer*, Strafrechtsdogmatik und Kriminalpolitik, 1974.

32)　A. a. O. (Fn. 3), S. 33.（強調は筆者による）

は、包括的な答責性の枠内にある１つの（時には誤解されてきたとはいえ、決して軽視されてはならない）モメントにすぎません[33)]。刑罰目的論というパースペクティヴからのこのような事物の見方、これらはまだ抽象的かつ二律背反的でありますが（そのようにロクシンが批判されているところです）[34)]、このような見方を通じて、いずれにせよ、いわゆる免責的緊急避難[35)]、過剰防衛[36)]、禁止の錯誤[37)]、中止未遂[38)]そしてとりわけいわゆる刑罰阻却事由[39)]といった法現象に（これらすべてのテーマについて、雑誌および記念論文集に、ロクシンの多数の論文があります）、伝統的な見解とは違った、全くオリジナルの、充分にありうる、そして説得的な、説明および解明が与えられているのです。周辺的かつ補足的に言えば、ロクシンは、このような半中間的な抽象的レベルに、いかなる時にも決して止まることはありませんでした。むしろ彼は（彼の多くの判例評釈がこのことを証明していますが）、常に、具体的なもの、個別事例における正しい解決を求め、その点で、自らの構想の正しさを測定し、吟味しました。それは、彼の方法的構想に合致しており、実務における彼

33) 今日では総括的に、*Roxin*, Strafrecht, Allgemeiner Teil, 3. Aufl., 1997, § 19, S. 724 ff. 参照。

34) *Stratenwerth*, MschrKrim 55, 1972, S. 197参照。これに対して、Roxin (a. a. O., Fn. 3), S. 47 f. さらに、*Stratenwerth*, Die Zukunft des strafrechtlichen Schuldprinzips, 1977、これらに総括的に反論した、Roxin (a. a. O., Fn. 33), § 19, S. 724 ff. 参照。

35) 正しくは、答責性阻却的緊急避難（*Roxin*, a. a. O. [Fn. 33], § 22, S. 826 ff.）

36) Vgl. *Roxin* (Fn. 33), S. 854 ff.

37) Vgl. *Roxin* (Fn. 33), S. 810 ff.

38) 基本的には、Festschrift für Heinitz, 1972, S. 251 ff. 参照。

39) A. a. O. (Fn. 3), S. 30.

の影響力を示しています。もちろん、そのような全体的考察方法は、論証の優位性を、全体を視野に入れ、個々の現象をその多彩および多様性において、それぞれそのしかるべき場所を示すことができるというそれだけで、すでに有していましたが、そのような考察方法は――言葉には寛容あれ――ドイツ的思考に反駁の気を喚起するものでした。このようなドイツ的思考に対しても例外ではありませんでした。ロクシンは、それに対しても、彼に典型的な、他者の真似のできないあり方で答えました。彼は、［フェンシングの］フルーレを愛し、サーベルを好まず、ましてやハンマーを好みません。われわれは、事物論理と評価に関する方法論の議論を、ロクシン自身の方法における不明確さの観点においてのみならず、哲学、生物学、脳研究、社会学等々における現代の構成主義的な主張の観点においてもまた、再開し続行することを容認しなければなりません。それにもかかわらず、私には、結局、つぎのことは確かであると思われるのです。ロクシンは、刑法解釈学における事物論理的な主張にも、規範化的・構成主義的な主張にも[40)]、取り込まれることはありえないということです。事物論理からの演繹については、すでに触れました。しかし、私自身は、それと逆のこともまた観念できません。すなわち、ロクシンが、その学問の旅を続ける中で、経験的現実を通じて、必然的に蓄えられてくる批判的潜在力に対し、それをいつか打破するであろう、ということです[41)]。事実の圧迫の下に、規範的な独裁性は、常に崩壊するのです。そのような現実から

40）　この点につき、*Küper*, Grenzen der normativierenden Strafrechtsdogmatik, 1990. それに対する反論として、Roxin (a. a. O., Fn. 33), S. 178 ff. 参照。

遊離した教義主義は、規範的なものからそれを強制的に修正する実体を奪うものであり、そのような主義は、ロクシンのものではありません。むしろ、すべての個別性、対立物および矛盾における全体であり、短く言えば、生の中庸、寛容そして人間性こそが、ロクシンのものなのです。

V

皆さん。ここでようやく、私の年代記作者としての義務を果たそうと思います。クラウス・ロクシンは、全く疑いもなく、まず第1に刑法学者です。それも、われわれの専門分野の基礎的問題に高度の関心を有する刑法学者です。彼が年来研究してきたテーマ、彼がその寄稿を通じて終始影響を与えてきたテーマについて、ここで完全に列挙することだけでも不可能なことです。ましてや、そのすべてにコメントを加えることは到底かないません。その学問的キャリアの初期における重大なテーマ、すなわち構成要件・錯誤理論、正犯と行為支配については、すでに触れたところです。それらは、記録に止められたというわけではなく、今日に至るまで、活き活きとした学問的対話の形で、継続的に扱われてきました。『刑事政策と刑法体系』で展開されたモデル、すなわち（ロクシンの継続的テーマであります）刑事政策と刑法、社会的現実と規範的要請、社会国

41) この点につき、たとえば、*Roxin*（a. a. O., Fn. 33), S. 738 ff. と、*Jacobs*, Schuld und Prävention, 1976 ; Strafrecht, Allgemeiner Teil, 2. Aufl., 1991, S. 476 ff. の論争を参照されたい。その論争のゆえに、Küper (a. a. O. [Fn. 40], S. 152 ff. は、ロクシンの立場を、私見によればもちろんその自明性を正しく表現しているとは言えないが、責任原理の「適切な機能化」と特徴づけた。

家と法治国家を、相互に１つのジンテーゼへと合一させるというモデルについて、私は、以下の３つがそれを基礎づけるものであると考えています。第１には「国家刑罰の意味および限界」に関する論文[42)]、第２に、刑法対案の共同作業[43)]、――これによってドイツ刑法学は、歴史的にも内容的にもまさに稀有のあり方で、法政策的に影響を及ぼすことができました――、そして第３に、フランツ・フォン・リストの研究です[44)]。さらに、危険増加論に関する諸論文（これは過失の観点で根拠づけられたものですが[45)]、その重要性は、はるかにそれを超えるものです）[46)]、「作為と不作為の限界について」[47)] という（少なくとも私見によれば）彼の寄り道、そしてとりわけ、これらすべてを束ね、総仕上げをしている「刑法における帰属問題に関する思考」[48)]、――これは1970年のホーニッヒの記念論文集で初めて

42)　JuS 1966, S. 377 ff. (wieder abgedruckt in : Strafrechtliche Grundlagenprobleme, 1973, S. 1 ff.).

43)　1966年以降。具体的には、記念論文集末尾にある著作目録のIIを参照されたい。

44)　前掲注（28）の文献参照。

45)　ZStW 74, 1962, S. 411 ff. (wieder abgedruckt in : Strafrechtliche Grundlagenprobleme, 1973, S. 147 ff.).

46)　たとえば、幇助および不作為の「因果性」という問題領域にも及ぶものである。

47)　「われわれの解釈学的地図においてなお開発が待たれている広い地帯」と Festschrift für Engisch, 1969, S. 380 ff., 405. で述べられている。私は、この論文がとくに重要であると考えるのは、「不作為による作為」と「作意による不作為」という（逆説的な）法形態が、明確に定義されているからである。すなわち、作意（行うこと）と不作為（行わないこと）とを区別する基準は、自然主義的な構造の違いではありえない。このような洞察は、私見によれば解釈学においてこれまであまり尊重されていなかった広範な帰結をもたらすものである。

48)　In : Festschrift für Honig, 1970, S. 133 ff. (wieder abgedruckt in : Strafrechtliche Grundlagenprobleme, 1973, S. 123 ff.).

概略が示され、その後、数年の間にさらに展開され、体系化され、精密化されました──、これらの著作が基礎的なものです。「客観的構成要件への帰属」については、今では彼の教科書にまとめられていますが[49]、それは、「行為者によって創出された、許された危険によってカヴァーされていない、構成要件の射程内にある危険」を前提としています。われわれが、今日、発展した帰属論を使用しているという事態は（周知のとおり判例はこの理論の受け入れを躊躇していますが)、まず第1に、クラウス・ロクシンに負っています。総論の分野では、これまで広範に未開の地であった挑発防衛について、道を示すに至った、先に述べた研究・探究活動、および「刑事政策と刑法体系」で展開された彼の基本思想を、進化させ、詳細に説明することに寄与した多数の論文と並んで、さらに、──同様に先に触れた論文ですでに準備されていた──同意に関する彼の明晰な叙述（これが最初に総括的に論じられたのは、コインブラ大学編のエドゥアルド・コレイア記念論文集においてです)[50]、そして最後に、ロクシンのお気に入りのテーマである未遂に関する諸論文、──私はこのテーマだけで14の論文をロクシンの著作目録に数え上げました──、これらを挙げることができます。一例だけを挙げます。欠効未遂（fehlgeschlagener Versuch）という概念は[51]、今日すべての学生に周知のものですが、判例はなおその体系的な受容および具体化

49) A. a. O. (Fn. 3), S. 312.

50) Band III, Coimbra, 1984, S. 396 ff. (auch als Separatum, 1987, vorhanden). Vgl. Im Übrigen schon Festschrift für Welzel, 1974, S. 447 ff.; Festschrift für Noll, 1984, S. 275 ff.; zusammenfassend ferner jetzt auch a. a. O. (Fn. 33), § 13, S. 456 ff.

51) JuS 1981, S. 1 ff.

に躊躇しています[52]。この概念は、たしかにロクシンに由来するものではありませんが[53]、いずれにせよ、この法形態が、彼によって明確で精確な輪郭を得ることにより、実務上も給付能力があるものになったのは、彼のお蔭です。各論の分野の諸論文は、ここでもまた明らかに、最近ウーリッヒ・シュロートと共著で一冊の本が出版された分野、すなわち医事刑法に集中しています[54]。扱われているテーマは、同意に基づく去勢（この点では、ロクシンが、ゲッチンゲン大学における最初の講義において、きわめて模範的に仕上げた道徳違反と社会違反の区別に[55]、重要な意義が与えられます）、妊娠中絶の可罰性、この点についてロクシンは、価値論的にアプローチしていますが、政党政策的な立場を受け入れるのではなく、拡大された適応事由モデルの意味において、法政策的に態度表明しました[56]、臨死介助[57]（この点について、ロクシンの論文以上に明快でかつ的確なものを見出すことはできません）、そして――もちろん明らかに正犯と共犯に関する研究を通じて――常に繰り返し登場する不可罰な自殺関

52)　Vgl. aber BGHSt 34, 56 ; 35, 94 ; 39, 228 ; 39, 246 ; 41, 369.

53)　学説史につき、*Gössel*, ZStW 87, 1975, S. 3 ff., 8 ff. 参照。この法形態につき、初期に、意欲的かつ決定的に取り組んだのは、とりわけ *Schmidhäuser*（Strafrecht, AT, 2. Aufl., 1975, 15/77 ff., S. 627 ff.）であった。

54)　*Roxin/Schroth* i. V. m. *Knauer* und *Niedemair*（Hrsg.）, Medizinstrafrecht—Im Spannungsfeld von Medizin, Ethik und Strafrecht, 2. Aufl., 2001.

55)　JuS 1964, S. 371 ff.（wieder abgedruckt in : Strafrechtliche Grundlagenprobleme, 1973, S. 184 ff.）.

56)　Vgl. *Roxin*, Der Minderheitsvorschlag des Alternativ-Entwurfs, in : *Baumann*（Hrsg.）, Das Abtreibungsverbot des § 218, 2. Aufl., 1972, S. 175 ff.

与と可罰的な故意の殺人との区別[58]、正確にいえば[59]、故意の殺人の間接正犯との区別です。まさにこの点で、行為支配の体系が試金石の上に立たされているのであり——いずれにせよロクシンの見解によれば——確証されているということを、ここで報告しておくべきでしょう。

ロクシンは、すでに最初に強調しましたように、息が長く、辛抱強い方です。彼は、30代、40代あるいは50代に、刑法の教科書を執筆することを、彼には可能であったにもかかわらず、決して思いつきませんでした。というのも、彼は、その時期はまだ熟していないと知っていたからです。彼は、彼が法学研究の方法に関する指導原理として定式化した原理を、首尾一貫して、その作品に適用しました。すなわち、彼は、法素材を自ら巡察し終えてはじめて、自ら地域を探知し測定し終えてはじめて、素晴らしい刑法総論を上梓しました。そのためには、年を取ることを待ち望み、健康でありつづけ得ると確信することが必要でした。忍耐は報いをもたらしました。

---

57) A. a. O. (Fn. 54), S. 93 ff. ここでもまた強調に値するのは、ロクシンの刑事政策的関与、すなわち、Alternativentwurf eines Gesetzes über Sterbehilfe (AE-Sterbehilfe), Entwurf eines Arbeitskreises von Professoren des Strafrechts und der Medizin sowie ihrer Mitarbeiter, 1986. における共同作業である。

58) Festschrift für Dreher, 1977, S.331 ff.; NStZ 1984, S.71 ff.; NStZ 1987, S. 345 ff.; NStZ 1992, S. 35 f.; in: Wolter (Hrsg.), 140 Jahre Goltdammer's Archiv für Strafrecht, 1993, S. 177 ff.; Täterschaft (Fn. 6), S. 584 ff., 667 ff.

59) この場合、中間行為者は第3者の法益を侵害するわけではなく、また、この点で展開された解決策を本問の事例群に適用することには、場合によってまさに疑問が生ずることから、不正確である（*Roxin*, LK (Fn. 16), § 25, Rdnrn. 66, 106.)。

この教科書には、全く急ぎ過ぎのところがなく、また、ぞんざいなところも、十分に考え尽くされていないところも、尊大なところもありません。事物それ自体が、全く平静に、明朗に、かつ冷静に表現されています。その基礎に確信を有し自覚した教師こそが、その生徒を、偽りの過度の教育的熱情を示すことなく、引き受け、彼に道を示すのです。彼は、常に最新の知識水準に基づき、事実に即しかつ包括的に情報を伝え、主張と反論を紹介し、文体および法的心情を教えます。その感銘すべき浩瀚さと完成度において、今日の時代の、騒々しく慌しい、折衷主義的な、学問的営為[60]には、全く合わないように思われる彼の教科書は、1956年に仕上げられた博士論文から始まった、その充実した研究生活の、いわば熟した果実であります。この教科書の第2巻は、まだ出版されておらず、われわれはそれを期待に満ちて待っているところです〔この第2巻は2003年に出版されるに至った〕。

VI

クラウス・ロクシンは、エドゥアルト・ケルンの著作として第8版まで執筆し続けられてきた刑事手続法の教科書を、その第9版（1969年）から引き継ぎました。その第15版（すなわち10年後の1979年）から、耳慣れたケルン＝ロクシンは、ロクシンの単著となりました――そのための共同作業は、当時のロクシンの弟子達にとって、本当に喜びでした――。というのも、もはや、同書に最も慣れ親し

60）　この点につき、*Schünemann* の “Kritische Anmerkungen zur geistigen Situation der deutschen Strafrechtswissenschaft” in : GA 1995, S. 201 ff. 参照。

んだ考古学者的な人々にとってのみ、──たいていはそのような人々の顔を明るくすることではあるのですが──元のケルンの基礎および根源がなお認識可能である、という状態になっていたからです。この小・教科書──といってもいまやすでに568頁もありますが──は、現在、第25版（1998年）を数えています。これと合わせて、本書に付随する『法的事例の質問と解答』（『あなたの知識を確かめよう（Prüfe Dein Wissen)』という表題です）は、現在、第15版を数え、これも見事に529頁に達しています。両書は、それぞれ１年から３年の間隔で版が改められています。このような並々ならぬ早い改訂は、両書に、その恒常的な現実性と常に詳細な内容を、それによって同時にまたその学問的・文献的な成果を、保証してきました。そのために必要な作業プログラムを考える度に、いつも私は、ロクシンの勤勉と紀律、その理解力と目覚しい作業能力に驚きます。彼の能力は、もともと、他説の受け入れと継承よりは、自説の安定した発展に、向けられているのです。ロクシンの仕事の重点は、疑いもなく、実体刑法の解釈学という古く立派な外壁に中に見出されます。法律学研究の要請、すなわち法素材の独自の精神的浸透を、彼は、刑事訴訟法の領域においても履行しました。たとえば、90年代の初めから、彼は、数多くの論文および判例評釈において──いつものように、その判断において常に包括的に情報が与えられ衡量された形で──ほとんど体系的といえるほどに、立法および判例における刑事訴訟法のきわめて急速な、法治国家的に見てしばしば疑問の余地がある、最近の展開についてコメントを加え、それを批判してきています。それも、刑事手続を捜査戦術的あるいは秩序政策的な目的のための手段とすることに対立する、法治国家的な諸基盤と諸原則を、ますます思い出させ、強調するあり方で、行っているのです。お分かりのように、そこには、刑事政策と刑法体系の統一のみならず、刑事政策と刑事手続法体系の統一もまた、存在しています。実体刑法と形式刑法〔刑事手続法〕を、ナウケがかつて定式化したような[61]「本当の」刑法総論へと再合一することは、まだ行われていません。

皆さん。刑法の場合も法曹教育の場合と同様です。刑法とその（恒常的な）改革とは、解きがたく関連しています。ロクシンのような刑法・刑事訴訟法学者は、常に、改革者でもありました。この点については、すぐ後に触れます。基本問題に対する彼の関心は、公判手続および刑事訴訟法の改革[62]、手続関与者すなわち検察官[63]および弁護人の役割に関するその著作、ちなみに弁護人について彼は──法治国家的に模範的なあり方で──常に優れた言葉を用意していました[64]、そしてとりわけ、先行理解の問題[65]、刑事手続における公衆の問題[66]ならびに刑事手続とメディアの問題[67]に関する、

61) In: *Lahti/Nuotio*, Criminal Law Theory in Transition, 1992, S. 269 ff., 278; GA 1998, S. 263 ff.

62) In: *Lüttger* (Hrsg.), Probleme der Strafprozeßreform, 1975, S. 52 ff.; Festschrift für Schmidt-Leichner, 1977, S. 145 ff.; *Schreiber/Wassermann* (Hrsg.), Gesamtreform des Strafverfahrens, 1987, S. 16 ff.; Festschrift für Jauch, 1990, S. 183 ff.; Strafverfahrensrecht, 25. Aufl., 1998, S. 354 ff.

63) DRiZ 1969, S. 385 ff.; DRiZ 1997, S. 109 ff.

64) Vgl. jüngst in: Festschrift für Hanack, 1997, S. 1 ff.

65) NStZ 1991, S. 153 ff.

66) In: Festschrift für Peters, 1974, S. 393 ff.

67) In: Festschrift zum 30 jährigen Bestehen der Münchener Juristischen Gesellschaft, 1996, S. 97 ff.

最近再びアクチュアルなものになった彼の著作に反映されています。それらの結果として、彼は、刑事訴訟法に対する3つの改正法対案、すなわち「非公開公判の刑事手続」「公判の改革」「証言拒絶権および差押からの自由［差押拒絶権］」各対案[68)]の作成に決定的に関与してきたのです。

VII

われわれはようやく、刑事政策家としてのロクシンに到達しました。最近出版された自己の法学的活動に対する回顧において、ロクシンは、彼がその職業上の実現を見出してきた4つの作業領域を挙げています。すなわち第1に刑法・刑事訴訟法の研究、第2に立法者の野心的な刑事政策、第3に学生達との共同作業、そしてとりわけ第4に国際的なコミュニケーションと協同です[69)]。ロクシンの数多くの著作、たとえば、すでに触れた『刑事政策と刑法体系』そして『正犯と行為支配』という分厚い本──言葉には寛容であれ──でさえ、多くの外国語に翻訳され、その地の法秩序に受け入れられ消化されてきました。ロクシンは、自ら望まずして、取ってつけたような比較法を行うことなく、ただ彼のイデーの力で、国際的になり、それによってバイエルン州の大学政策の要請と称されている事柄を、すでにその布告以前に実現してきました。しかも、ここでは、研究員や職員との人的な会話という官僚的でほとんど名誉毀損

68) Nachweise im einzelnen vgl. II des Schriftenverzeichnisses am Ende der Festschrift.
69) Die juristischen Highlights meines Lebens (Rechtshistorisches Jounal, Bd. 19, 2000, S. 637 ff.).

的な職務上の指示および要求は、全く必要のないものでした。

ロクシンは、正に前述のように、――彼がいかなる時点でも刑法解釈学に対立するものとは考えなかった――刑事政策へと立ち戻るために、刑法総則および各則の５つの対案すべてに参加し、さらに、行刑法対案、前述の刑事訴訟法の諸対案、臨死介助対案、とりわけ損害回復対案（これについてはすぐ後に若干説明します）に参加し、そしてさらに、数多くの講演、論文および著作において、これらすべての草案について、説明し、コメントし、攻撃に対して反論してきました。ロクシンは、たしかに、決して革命家ではありません――私には、彼がすべての極端なことをきわめて深く疑いかつ忌避しているように思われます――。彼は、中庸の人であり、市民的寛容を生きる人です。しかし、彼は、慎重で判断力豊かな改革者でもあります。ハレで開催された前回の刑法学会で、われわれは、さらに、彼がいかに情熱を持ってかつ印象的に、自ずと生成したまさに空想に反する事態、すなわち、一方では脱社会的な自由刑、他方では支払い不可能な罰金刑の締め付けとの間の二重の拘束から免れるために、刑法上の制裁についてどちらかといえば空想に近い事柄を弁護するかを、聞くことができました。運転禁止および電磁的にコントロールされた自宅監禁が、その制裁政策のプログラムに載せられました[70)]。それによって、彼は、なお若さを保つ者として、若者達に納得と賛意を見出したのでしょうか。――そう表現することが許されるとすれば、後期の――ロクシンは、ますます刑事政策的・制裁政策的な問題に傾倒しているように思われます。ところ

70)　Vgl. ZStW 111 (1999), S. 906.

で、彼の関心事は、しかし、刑罰と保安処分と並ぶ刑法の第3の途、すなわち被害者の損害回復、文字どおり刑事訴訟への被害者の再統合を、創設し確立することにあります。ロクシンの7つの論文が、このテーマに捧げられています。このテーマは、この間に、彼の教科書に適切かつ代表的な場を与えられており[71]、それによって、いわばその気品を高められています。たしかに、損害回復の対案およびその基礎になっているコンセプト、端的に言えば刑事訴訟における被害者の法的地位の強化は、論争を喚起し、一部では論争を掻き立て、厳しい反対を惹き起こしました[72]。しかし、どう言ったところで、抽象的な刑罰は、行為者にとって無意味であり、また、無意味に止まるのに対し[73]、行為者を、刑法上の圧力によって、被害者を助けてその権利を達成させるようにすることは――すべての抽象性にかかわらず――、有意味なことなのです。そのようにして――責任原理の支配の下で！――経験的に可能なあり方で、行為者の主体的地位が認められ、かつ、犯行によってその主体的地位を否認され、まさにそれゆえに、主体として訴訟に統合されなければならず、かつ、周辺化されてはならない、被害者の主体的地位が認められるのです。それは、疑いもなく、ラディカルな実体法的・訴訟法的な思考の転換を、要求するものです。そうであれば、何ゆ

---

71) Zusammenfassend a. a. O. (Fn. 33), § 3, S. 67 ff.

72) とりわけ、一方で、*Hirsch* (ZStW 102, 1990, S. 534 ff.)、他方で、*Roxin* (in: Festschrift für Baumann, 1992, S. 243 ff.) の論争参照。

73) 伝統的な見解の内、依然としてアクチュアルで的確な叙述として、Schmidhäuser, Vom Sinn der Strafe, 1963, S. 60 ff. この意味において最近の非常に際立ったものとして、*Lüderssen*, in: *Ders*. (Hrsg.), Aufgeklärte Kriminalpolitik oder Kampf gegen das Böse, Bd. I, 1998, S. 54 ff. 参照。

えに、そのような最終的にはきわめて単純で合理的な人間性の主張が、国家刑罰という象徴を孕みかつ象徴を必要とするような不合理性に対して、チャンスを有するとはされないのでしょうか。

Ⅷ

皆さん。私の話も終わりにきました。ロクシンには、刑事訴訟における被害者と同様なことが生起するでしょう。被害者は、手続の中心テーマであるにもかかわらず、周辺化されており、さらに手続の負担を担わなければなりません。クラウス・ロクシン、別名トーマス・マンは、その日記に次のように書きました。「その後すぐに〔ここで彼が考えているのは国内・国外の個人的旅行であり、それは多人数の会議を避けようとしたことによるものです〕、70歳になった。70歳の者には、すでにそう見えるように、すべてのことが起こるのであり、それによって私は、それほど年寄りにはならないのだ」[74)]と。このような誕生日によって喚起される過去帳（Nekrolog）のようなものを、われわれは、避けようとしてきました。むしろ、われわれは、適切で然るべき序章（Prolog）を、年齢を経てさらに充実した人生と創造のために、われわれが捧げようと努力した親身で敬意に満ちた言葉こそが、70歳の誕生日という、宿命の負担と厳粛さを感じている、ロクシンを宥めるのに適している、という仮定に導かれて、お話しすることができたことを願っております。

親愛なるロクシン、親愛なるロクシン夫人、そのご家族の皆様

74)　その趣旨に従い、*Schröter*（Fn. 15）, S. 155から引用した。

に、すべてが良かれと望みます。そして、かつて見たまだ新鮮な手書きのクラウス・ロクシン自身の諸献辞において、バロック風の華麗さで常に美しく書かれていたのと同様に、心からの共感をもって(in herzlicher Verbundenheit)、私の話を終えたいと思います。

7　クラウス・ロクシンとその時代*

ベルント・シューネマン
鈴木彰雄訳

親愛なるクラウス、あなたはベルンハルト・ハフケ（Bernhard Haffke）の話によって、あなたの人生と努力の足跡を穏やかに振り返ってご覧になったと思いますが、私はいずれにせよ悲哀の気持ちをもって、あのエーベルホーフで開いた私たちの集会のことを思い起こしました。当時のあなたは今の私の息子より少し年上であり、ベルンハルト・ハフケとハンス・アッヘンバッハ（Hans Achenbach）と私は、全くの青二才だったはずです。

あれから40年後の今日、大学生活や法制度や法曹教育といった大学の構造に関わる一連の世界政策的な社会的諸変革の後に私が理解できるようになったことは、クラウス・ロクシンは、大学とドイツの法律学とヨーロッパ文化の１つの時代を並ぶ者なきほどに代表する人であるということであり、その時代は過去30年間の、時を異にして成熟する最高の果実の結合といえるものであり、私の印象に誤りがなければ、私たちは今そのゆっくりとした黄昏を共に経験しています。つまり、利益判断から自由な認識と社会的寛容と個人の冷静さが統合された啓蒙時代が完結する時代です。

1　文学や絵画や音楽における芸術家の表現形式が全く異なった速さで発展し、たとえばリアリズム小説がロマン主義オペラと時を同じくして優勢になったように、法文化の（したがってまた「刑法文化」の）発展においても大いなる非同時性を認めることができます。──刑法においては、たとえば啓蒙期の頂点においてその法治国家的・自由主義的な正当性の承認と制限の完全な刻印がベッカリーア（Beccaria）とホムメル（Hommel）に見られること[1]、規範遵守と逸脱行動の経験的解明が20世紀を通して苦労の末ようやく進められたこと[2]、ドイツにとってはおそらく1965年の刑事訴訟改正法を頂点として法治国家的刑事手続の発展が始まったこと[3]、そして私の判断によれば、ドイツの刑法解釈学は過去数十年間に完成し、今日すでに崩壊と過度の洗練に脅かされていること[4]が認められます。私たちは今、クラウス・ロクシンが成し遂げたことの中に、これらすべてが成熟した形で統一されているのを見出します。そしてそれは、永遠に変化する世界の中でそれ自身の移ろい易さを自覚し、それによって同時に１つの時代の頂点と完結を意味するものであります。刑法を社会的損害の防止に限定することは、啓蒙時代の

＊　この文章を発表するにあたり、大幅に加筆した。

1）　*Beccaria*, Über Verbrechen und Strafen, hrsg. Alff 1966, Kap. 2 und 8 ; Beccaria 侯の不滅の業績についての Hommel の序言：Von Verbrechen und Strafen, 1764, dt.u. a. hrsg. v. Alff, 1966, Kap. 2 und 8 ; *Hommel* いわゆるホムメルの序言 in : Des Herrn Marquis von Beccaria unsterbliches Werk von Verbrechen und Strafen, 1778 ; ders., Über Belohnung und Strafe nach türkischen Gesetzen, 1778.

2）　以前影響力のあった単一因果的「犯罪理論」のうち、今日なお残っているものは有益である。vgl. *P.-A. Albrecht*, Kriminologie, 2. Aufl. 2002, 27 ff. ; *Eisenberg*, Kriminologie, 5. Aufl. 2000, S. 30 ff. ; *Kaiser*, Kriminologie, 3, Aufl. 1996, S. 188 ff.

3）　StPändG v. 19. 12. 1964, BGBl I 1067─1950年の法の統一性の回復以降の第９次改正法。これには、40年以内に100以上の改正法が従ってきたが、それらは刑事訴追機関の地位を圧倒的に強化した。

4）　これについて詳しくは、*Schünemann*, FS f. Roxin 2001, S. 1, 2 ff.

遺産としての法益保護の最後の手段（ultima ratio）に限定することと、定式化は異なってもその傾向において同義ですが、それは対案への協力から今日に至るまで続くロクシンの信念の表明です[5]。しかしそれは、立法においては通常、刑法の相当に日和見主義的な政治的利用をカムフラージュするための口先だけの信仰告白として用いられ[6]、実質的には連邦憲法裁判所によっても放棄され[7]、今や比較的若年の刑法学者においては、圧倒的に拒否と懐疑の入り混じった対応に遭遇しています[8]。ロクシンは、1967年にケルン（Kern）から受け継いで完全に書き改めた教科書において、法治国家的・自由主義的な刑事手続に不滅の業績を残し、その後の諸対案の中でその完成に協力しましたが[9]、そうした刑事手続は現在、一面におい

5) 最終的な立場については、vgl. *Roxin*, Strafrecht AT I, 3. Aufl. 1997, S. 11 ff.

6) これについての範例は、第 6 次刑法改正法と麻薬刑法である。vgl. その批判について *Albrecht* (Fn. 2), S. 350 ff.; *Nestler*, in: Kreuzer (Hrsg.), Handbuch des Betäubungsmittelstrafrechts, S. 702 ff.

7) すでにかなり前の「同性愛判決」BVerfGE 6, 389 ff. と、最近の「カンナビス判決」BVerfGE 90, 145 ff. 批判的に *Nestler* (Fn. 6), S. 719 f.; *ders.*, in: Institut f. Kriminalwissenschaften Frankfurt a. M. (Hrsg.), Vom unmöglichen Zustand des Strafrechts, 1995, S. 65, 72 ff.; *Wohlers*, Deliktstypen des Präventionsstrafrechts, 2000, S. 187 ff.; *Schünemann*, in: Hefendehl/v. Hirsch/Wohlers (Hrsg.) Rechtsgutstheorie-Legitimationsbasis des Strafrechts oder dogmatisches Glasperlenspiel?, 2003, S. 118, 130 ff.

8) 根本的なものとしては、*Lagodny*, Strafrecht vor den Schranken der Grundrechte, 1996, S. 21f. および随所に；要約として *Stratenwerth*, Strafrecht AT I, 4. Aufl. 2000, § 2 Rdnr. 7 ff.; w. N. b. *Schünemann* (Fn. 7), S. 118 Fn. 1.

9) 包括的なものとしては、*Roxin*, Strafverfahrensrecht, 25. Aufl. 1998; von den Alternativ-Entwürfen zuletzt Alternativ-Entwurf Reform des Ermittlungsverfahrens, 2001.

て秘密情報機関のとりうる方法の拡大を含む「警察化」の挽き臼と[10)]、他面において刑事手続上の合意（Absprachen）という名状しがたい偽善との間で[11)]、まさに雲散霧消の状況にあり、しかもそうした無法な力により、すでにロクシンの業績それ自体にも諦めの気持ちが及んでいたのです。すなわち、彼が起草に加わった対案「捜査手続の改革」は、「今日の刑事訴訟の重点は捜査手続にある」という「争いのない認識」からスタートし[12)]、この画期的に変革される刑事手続の世界のために新たなバランスを模索していますが、ここではほとんど均衡を保ちえないほどの警察力の優位のために、そのバランスを見いだすことはほとんどできません。そして、刑事手続上の合意を解釈論として認める際にロクシンが示した著しく自制的な姿勢は[13)]、私の推測によれば、ここでは法治国家的・自由主義的な訴訟を打ち破る現象が問題になっているという彼の確かな直感によって説明がつくのであり、事情を知る者は密かな同情の念をも

10)　これについて立ち入った論述は、*Wolter*, ZStW 107（1995）793; *Paeffgen*, in: Wolter（Hrsg.）, Zur Theorie und Systematik des Strafprozeßrechts, 1995, S. 13 ff.; P.-A. *Albrecht*, StV 2001, 416; *Hefendehl*, StV 2001, 700; *König*, Die Entwicklung der strafprozessualen Zwangsmaßnahmen seit 1877, 1991, S. 157 ff.; *Paeffgen*, StV 2002, 336.

11)　私自身の立場は、StV 1993, 657で率直に述べた。誠実な救済の試みについての批判は最近の FS f. Rieß, 2002, S. 525.

12)　AaO.（Fn. 9）, S. V.

13)　Strafverfahrensrecht（Fn. 9）, S. 96 f. では、解釈論として一貫せず、実務によっても考慮されない BGHST 42, 195 の留保条項（Fn. 11 で参照した私の批判にまさに対立する Schmitt GA 2001, 413 ff. の批判が特徴的である）が簡単に示されており、BGH はそれによって「合意の実務を刑事手続の指導的諸原則と一致させようとし」た、という控え目な評価と結びつけられている。

って言えることですが、それにはロクシンの学問的誠実さが抵抗していても、彼の確かな現実感覚によって、解釈論としては正しいが実務的には実りのない嘆きに陥ることを免れているのです。と申しますのは、ロクシンは重箱の隅をつつく経験主義者とは正反対であるにもかかわらず、彼の解釈学上の構想においては、その刑事政策的諸草案におけるのと同様に常に有用性と現実性の確固とした基盤に立っているからであり、それゆえに一面においてすべてのラディカルで一面的な解決を嫌い、他面において現実的なものはすべて何らかの意味で理性的でもあり、したがって現実を全否定することはそのラディカルな一面性において非理性的であるというヘーゲル流の確信に貫かれています。それゆえ、ロクシンの思考の最も深遠な基礎は、私の考えによれば、善悪二元的な世界観を厳しく拒否することに見られ、それによって、たとえば刑罰の二元的統合説[14)]や刑法の中に修復を組み込む彼の刑事政策的構想[15)]のもつ豊かさや大きな共感が説明されるのであり、それは何やかやを「十把一絡げにして」何らかのラディカルな有罪判決を下そうとすることに対する彼の抑制的な態度と同様であります。

2　20世紀の後半期にドイツの刑法解釈学をもう一度その絶頂期に高め、他の多くの学問領域ではナチズムと２度の世界大戦によって失われてしまったその世界的な通用力を回復したのも、現実の構造を同様に注意深く心に留め、豊かな法的経験に則して法の諸規定や諸概念を考量しつつ区別するという、それと結びついた能力によ

14)　その理由づけは、JuS 1966, 387；今日では Strafrecht AT I (Fn. 5), S. 54 ff.

15)　これについて詳しくは、上述の論文 *Haffke*, S. 31 ff.

るものです。私が刑法体系の金銀線細工のような細分化と呼んだドイツの刑法解釈学の「網構造」(Netzstruktur) は、ここドイツと、ドイツの影響をうけた刑法においてのみ存在するものであり、たとえばアングロサクソンの刑法にはなく、フランス刑法には夙に存在しないものですが[16)]、その卓越した成果は、正当にも今日すでに幾度も高く評価されているモノグラフィー『正犯と行為支配』に見られます。そしてここでも、ある時代の頂点が、その内的論理によれば徐々にではありますが、その外的影響により急速な衰退に至っているようにも感じられます。ドイツ刑法学においては、それは私のいう過度の純化という形で生ずるかもしれませんが、現在政治的に強行されている刑法のヨーロッパ化という形ですでにはっきりと進行しています。

a) まず、過度の純化の危険について、同意 (Einwilligung) の体系的地位を例としてあげましょう。ベーリング (Beling) = リスト (Liszt) の体系においては、法益の担い手の処分権の枠内にある同意は正当化事由を意味していました[17)]。しかしこの位置づけは、前世紀の50年代と60年代にゲールズ (Geerds) にしたがって一般に認めらたように、十分に区別されたものではなく、むしろ同意は意思の自由に対する罪におけるいわゆる合意 (Einverständnis) としてすでに構成要件を阻却するものとされ、同意の前提条件や意思の欠缺の効果を内容的に細分化することもこの体系的区別と結びつけ

16) この点についての Vogel との論争については、*Schünemann*, FS f. Roxin (Fn. 4), S. 1 ff.; *Vogel* GA 2002, 507, 524; *Schünemann* StV 2003, 116, 120. 参照。

17) *v. Lizst*, Lehrbuch des Deutschen Strafrechts, 14./15. Aufl. 1905, S. 155.

られていました。大雑把に言えば、合意においては事実性だけが問題とされるのに対して、同意においては法的な承認が問題とされていました[18]。ロクシンがその間にさらに一歩を進め、狭義の同意においても構成要件充足を否定しつつ、法的な前提条件やその効果の限界については、その点にいかなる先入観も認めていません[19]。今やその立場では、不法を徴表するにすぎない構成要件該当性（それと結びついた3段階の犯罪構造を含む）が（2段階の犯罪構造の表現としての）[20]いわゆる全体不法構成要件に対してもつ体系的位置価値が一般に争われているのと同様に、構成要件阻却と違法性阻却の関係も争われているので、刑法体系をさらに緻密に細分化するという方法によって刑法体系を秩序づける機能、したがってそれ自身の発展のダイナミックによって秩序づける機能は、自ら解体してしまう危険に晒されています。──それはさらに、人的不法論を完成させるという方法によって、ヴェルツェル（Welzel）のいう「最近の2世代から3世代の最も重要な解釈学上の進歩」としての不法と責任の区別を相対化させる危険に晒されています[21]。

b）もっとも、現実的に考えて、過度の純化の危険についてまず

18） *Geerds*, Einwilligung und Einverständnis des Verletzten, jur. Diss. Kiel 1953, S. 105 ff.; *Schönke/Schröder*, Strafgesetzbuch, 11. Aufl. 1963. Vorbemerkung § 51, Rdn. 31 ff.; *Jescheck*, Lehrbuch des Strafrechts AT, 4. Aufl. 1988, S. 334, 336 f.

19） Strafrecht AT (Fn. 5), S. 461 ff., 471.

20） 最近のものとして、*Rinck*, Der zweistufige Deliktsaufbau, 2000, S. 309 ff. のみ参照。

21） *Welzel*, JuS 1966, 421 および、機能的意味での区別の可能性の問題について *Schünemann*, in: Schünemann/Figueiredo Dias, Bausteine des europäischen Strafrechts (Coimbra-Symposium für Claus Roxin), 1995, S. 149 ff.

問題となるのは、ドイツ刑法学の大きな地平線にあらわれた一種の危険な兆候であり、他方で、現在政治的に力ずくで強行されている刑法のヨーロッパ化という形で本当の「神々の黄昏」が迫っているように思われ、それにはドイツの刑法解釈学の緻密さが妨げとなっており、効率性と有用性を旨とするヨーロッパの刑事司法にはふさわしくないとされています[22)]。そして、さらに困ったことが刑事手続の分野に迫っており、そこでは全刑事訴追手段の「相互的承認」の原則が各国政府によって決定され、害のないものと思われていますが、結局それは全ＥＵ加盟国それぞれの最低の介入の限界と最も弱い留保条項の集積にすぎないものになっています。――「ヨーロッパ勾留命令」(europäischer Haftbefehl) においては、相互的な可罰性を検討せずに将来実行されるので、その場合には最も過酷な刑法が全ヨーロッパに適用されることになりますが、それと似ています[23)]。そこではすでに、法治国家的にバランスのとれた刑事手続という理念にとって別離の鐘が鳴っているのでしょうか？

3　こうしたカッサンドラのような不吉なヨーロッパの展望をすると、私は明らかにクラウス・ロクシンの沈着さから余りにも遠ざかってしまうことになるでしょう。そうではなく、私たちの祝賀を受ける先生が40年以上にわたって形づくってきた制度、すなわち、

22）　現在特に明白なのは、重大な解釈学的留保があるにもかかわらず、法人に対する本来の刑法の圧倒的優勢であり、他方で、いわゆる「EUの財政的利益を保護するための刑法規定のコルプス・ユーリス」(Hrsg.) v. Delmas Marty, 1998（その間に改訂された Fassung von Florenz）の総則において、Bacigalupo, Grasso および Tiedemann の編纂者により、一貫して責任主義に方向づけられた解釈学がほとんど犠牲にされなかった（Schünemann, GA 2002, 501, 513 の議論を参照）。

23）　これについて詳しくは StV 2003, 116 ff. の私の考察。

もしそれがヨーロッパ的広がりをもつ結晶の中心をなすことができれば、政治的理由により恐らく都合のいいものと思われている法思考の浅薄化と戦うことができるかもしれない制度に目を向けてみましょう。私が意味しているのは言うまでもなくドイツの大学であり、今日のこの機会に大学のここ200年の時代にも目を向けてみましょう。と申しますのは、クラウス・ロクシンは、その創造が学術という机上に限られる世界的な指導力をもつ刑法学者であるのみならず、身も心も二重の意味で教授であるからです。つまり彼は、自己の学理を教壇で公的に告白するとともに、本来の学問的作業と並んでこれを多少とも意に反して果たすだけでなく、まさにそれが人生の重要な課題であると認め、早くからそれを生来の仕事と考えてきました。彼が教壇において独特の影響力をもつに至ったのは、次の５つの条件が揃ったからであり、それらが重なって生じたことを、今やほぼ80ゼメスターも続いている大学の幸運な時代と呼んでも過言ではないでしょう。それはまず、教授することの情熱であり、そしてすでに述べたような、ご自身がそのような運命にあるという確かな感覚でありあります。次に、ご自身の最新の研究状況を教室で開陳することによって理論面での研究成果を表明する準備をされたことであり、そこでは、ロクシンが広げた認識の衣のほんの一端によって専門的知識のない受講者も捕捉されるという、言語による優れた教授法が行われました。さらに、講義の中で示された知的な冒険的試みを、天才的な演劇的素質によるあらゆる手段を用いて演じたことであります。そして、最後の少なからず重要なこととして、正確かつ厳密な、決して欠けることのない準備があります。それは、インスピレーションによる即興的なものであっても、瞬間の直感のみを頼りにする講義を忌み嫌う仕事のエートスに根ざすものです。

したがって、学究の師としてのロクシンの活動の中にまさに大学の具現を見ることは困難ではありませんが、いかなる時代のそれかという問いに答えることは容易ではありません。と申しますのは、現代のドイツの大学が過去200年間にもたらした偉大な成果は――法律学におけると同様に――全く非同時的に現われたのであり、それゆえ時代形成がすでにして大胆な企てであるからです。理念型にすぎないとしても、およそフンボルト（Humboldt）の精神による大学を語りうるかは自明のことではなく、ましてそれをドイツの大学制度のある具体的な段階に当てはめることは妥当ではありません。と申しますのは、プロイセンの文化行政におけるヴィルヘルム・フォン・フンボルトのほんの一時的な活動と、非プロイセン的熱狂をもった口調で定式化され、解釈の余地のある、ずっと後になってようやく公刊された彼の報告書は、因果的説明のモデルよりはその投影面として見るほうがずっと良いように思われるからです[24)]。それだけに、大学と大学教授の見紛うことのない形態に向けられた２本の支柱が、フンボルトの構想にあります。それはすなわち、研究と教育の一体性と、孤独と自由のうちにある教授の仕事であります[25)]。第一の定式は、まさに格言のようになったものであり、今日

---

24) これについて、*Beller*, Wilhelm von Humboldts Bildungstheorie, 2. Auflage 1995; Ash (Hrsg.), Mythos Humboldt, 1997; *vom Bruch*, in: Strobel (Hrsg.), Die deutsche Universität im 20. Jahrhundert, 1994, S. 17 ff.; Bundesminister für Bildung und Wissenschaft (Hrsg.), Humboldt und die Universität heute, 1985; *Bretz*, in: Bahners/Roellecke (Hrsg.), Preußische Stile, 2001, S. 225 ff. 参照。

までの大学組織を支配していますが、フンボルトによるベルリン大学の創立にあたって、彼自身の構想とは異なって、教育の場と学問の分離という別のやり方が啓蒙期の実践的精神に一致し、極めて適切な実例を示すことができただけに、それは一層驚くべきことです[26]。本当は、フンボルトの理念は、教育の場と研究の場の一体性という組織的観点をはるかに超えていました。と申しますのは、彼にとって重要なのは、相互に内容的に良い影響を与えることであり、いわば伝統的な先入観に縛られずに、学習する者の直感を教育する者の理論に組み入れることだったからです[27]。大学における日常的な事象の描写として理解すれば、それは確かに1つのユートピアですが、本当に成功する教育の目標設定としては、さらにそこに創造力を生み出すための天才的な構想があるのであり、私の見るところでは、その最も完璧な芸術的姿は、リヒャルト・ヴァーグナー

---

25) 教育の前提としての自由は、Humboldt の „Ideen zur einem Versuch, die Grenzen der Wirksamkeit des Staates zu bestimmen“ 1972 (Gesammelte Schriften, Hrsg. v. Leitzmann, 1903 ff., Seite 107) にすでに見られ、その理念は、1896年と1900年にようやく公刊された彼の未完の作品 „Über die innere und aüßere Organisation der höheren wissenschaftlichen Anstalten in Berlin“ 1809/1810年において継承されている。そこには「孤独と自由」という有名な公式がみられ (Gesammelte Schriften X 27)、研究と教育の一体性もみられる (ibid. 253 f.)。

26) vgl. *vom Bruch* (Fn. 24) S. 19; *Coing*, in: Bundesminister für Bildung und Wissenschaft (Fn. 24), S. 20 ff.; *Heckhausen*, ibid., S. 30 f.

27) 彼の有名な一文を参照。「先生は弟子のために存在するのではなく、両者は学問のために存在するのである……。もしも弟子たちが先生のために自ら集まることがなければ、先生は自分の目的に近づくために、熟練した、しかしやや一面的で少し衰えた力を、さらに弱い、四方八方に勇敢に向けられた力と結びつけることによって弟子たちを捜し求めるであろう。」(Gesammelte Schriften X 253)。

(Richard Wagner)の「マイスタージンガー」における優勝の歌の創作であり、それは職匠歌の師匠であるハンス・ザックス（Hans Sachs）と、日々の講義によって研究状況を進展させているその弟子であるヴァルター・フォン・シュトルツィング（Walter v. Stolzing）によるものです。

教授が研究し教育すべき真実は自由のうちにおいてのみ見出されうるという真実は、実践的な点で明らかであるのみならず、深い哲学的思想でもあり、それはいわゆる「認識根拠」として、意思自由のテーゼないし決定論批判のための考えられる究極的な理由づけの１つをも提示するものです[28]。それゆえ、基本法５条３項は、日々の実践のためのまさに論理的な基本条件を保障したものです。最後に、孤独は、フンボルトによれば大学の中心に位置する哲学と文献学にとって研究の方法であるのみならず、個々の研究者に極めて個人的に当てはまる最終的責任たる自己責任として理解される学問の正当性の条件をも極めて適切に言い表したものであり、したがってユートピアとは考えられなかったものです。

これらの財産のうち、そしてそれによって特徴づけられた時代のうち、何が残っているのでしょうか？　一般に「アルトホフ・システム」(System Althoff）あるいは「ドイツの学問の奇跡」とも呼ばれ、明らかに世界中で最も成功したドイツの大学の時代となった次の時期は、すでに新たな種類の諸原則を掲げていました[29]。ここで

28）　すでに根本的に、*Epikur*, Von der Überwindung der Furcht, Hrsg. v. Gigon, 2. Auflage 1985, S. 109（Aphorismus 40）; Rickert, System der Philosophie I, 1921, S. 302.

29）　これについて詳細は、*Vereeck*, Das deutsche Wissenschaftswunder, 2001 ; *vom Bruch*（Fn. 24）, S. 17 ff.

は、大学と教授の姿についての重要な変更が、自然科学の研究の必要性に合わせて行われました。それは、孤独の要請が影をひそめ、研究と教育の一体性が大規模研究のもつ特殊条件に適合されたことによります。つまり、ドイツの学問の奇跡をもたらしたのは、固有の研究制度の国家財政だったのです。ここでは当然のことながら、研究は孤独のうちにではなくグループで行われ、教育は大教室で初学者に対して行われるのではなく──おそらくフンボルトの本来の意味で──実験室における小グループの若手研究者に対して行われました。

この時代は原則的に20世紀の60年代まで続きました。と申しますのは、カイザー・ヴィルヘルム研究所ないしは後のマックス・プランク研究所において大規模研究が相対的に独立しても、大学との結びの糸が全く断ち切られたのではなく、第三帝国における当初は道徳的な、次に物理的な崩壊の後のドイツの大学の再開は、明らかに1933年以前の時代との結び付きとして理解され、行われたからです[30)]。

私が今、私の考察の契機と目的に即して、極めて大ざっぱに描いたドイツの大学像のフレスコ画の中に大学教授としてのクラウス・ロクシンを位置づけようとするならば、私がフンボルトの有名な言葉を正直に探し集め、たとえば近時、経験的研究においてさえしばしば行われているような、望ましい帰結から再構成するという方法を用いなかったことをはっきりと保障しなければならないでしょう。なぜならば、ロクシンの影響は、輪廻を信じる誰もが彼のうち

30) *Jarausch*, in: Ash (Fn. 24), S. 58 ff.; Bundesminister für Bildung und Wissenschaft (Fn. 24).

に文字どおりの具現を認めなければならないほど完璧にフンボルトの大学の理想像を表現しており、他方で、冷静な考察者にとっては、トーマス・マン（Thomas Mann）におけるのと同様にクラウス・ロクシンにおいても、倦むことのない根気よく粘り強い人生計画の実現を確認することができ、自己の創造の意識的な形成が、あらかじめ徹底的に研究し、よいと判定したフンボルトの構想に倣って認識されるからです。知的な面でまだ不十分な学生たちにも教室で共に考えることを可能にし、それによって研究を教壇でできるだけ広範に発言させるロクシンの能力についてはすでに言及しました。彼がいかにして、本来の学問上の弟子に対してオーソドックスな定理を振りかざすことなく、根気のあるソクラテス的会話によって本人の創造性をかき立てたかは、ベルハルト・ハフケが今言及したとおりです。いかなるドグマからも、ましていかなる政治的先入観からも精神的に完全に自由であることと、彼の学問的立場を法実務において利用しようとするあらゆる誘惑に対して十分な節制を保つことによって、彼は独特の精神的自由を守ったのであり、そしてまた、以前はゲッティンゲンのエーベルホーフに、今日ではミュンヘンのシュトックドルフに居を定めた彼の書斎で、あの巨大な全作品が万年筆による手書きで紙に記されたのですが、その書斎は学問的な創造の過程の孤独さについてのフンボルトの言葉を象徴的に現代に蘇らせてくれます。私の話の要点が重要であるとすれば、このあとに想起される事の次第を述べなくともよいでしょう。しかし、考察者の方々にどうしても申し上げなければならない結論を、レトリック上の理由から変更することはできません。すなわち、大学教授としてのクラウス・ロクシンの仕事はまさにフンボルト大学の理念であり、それが他にも歴史的に存在していたか、あるいはフランクフルトの同僚たちが好んで引用する「古典的刑法」のように、私たちの願望の投影にすぎないものであったかは、重要なことではありません[31)]。

ドイツの大学が「マスプロ大学」へと様変わりし、20世紀の最後の3分の1においていわゆる定見なき改革（Reformgewurstel）が行われましたが（ここでは「いわゆる」は改革にかかり、無定見さにかかるのではありません）、これとても大学教授クラウス・ロクシンを変えることはできませんでした。しかし、その時代の徴表によって誤った判断をしなければ、彼の中に具現されたドイツの大学の時代が終わり、いわば多数の小人の刺し傷に負けて、ラディカルに変化した社会において次第にそれ自身の記念碑になってしまうことが憂慮されました。シジフォス的な単調さで今や30年来続いてきた、大学改革と研究改革と教育改革をめぐる大学内部の議論は[32)]、大学を個人にたとえれば、悪化の経過をたどり、完全な人格解体の結果を伴う重症のノイローゼの範疇にあるものと診断されるでしょう。

31）「古典的刑法」という幻影について、ほとんど際限ないほど多くなった文献については、*Hassemer*, ZRP 1992, 378 ; *Naucke*, in : Hassemer (Hrsg.), Strafrechtspolitik, 1987, S 15, 18 ff. ; ders., KritV 1993, 135 ff. ; Herzog, Gesellschaftliche Unsicherheit und strafrechtliche Daseinsvorsorge, 1991, S. 109 ff. ; *Lüderssen*, FS f. Jäger, 1993, S. 268 ; *Schünemann*, GA 1995, 201, 203 ff. ; ders. in : Kühne/Miyazawa (Hrsg.), Alte Strafrechtsstrukturen und neue gesellschaftliche Herausforderungen in Japan und Deutschland, 2000, S. 15, 34 ff.

32）ほとんど概観しえないほどの文献の中から意識的に1点。この祝典に出席している大学の学長であると同時にロクシンの弟子であるWilfried Bottkeによって書かれた、Hochschulreform mit gutem Grund? (1998).

経済面だけから考えても、それは大学人の研究時間の大部分を奪い、多くの部所で研究資金の調達に事欠く状態にあるのに、莫大な費用が費やされました。アルトホフ・システムにおいては、さらに完成されるべき学問的キャリアの可能性によって意欲が高められ、資金が招聘の数につながり、それが再び学問的評判にも繋がりましたが、いずれにせよ法律教授の招聘資格が52歳の若さに露骨に制限されたことにより、また大学の資力を使い切ったことにより、そうした意欲が完全に失われ、また、研究と教育の一体性を教室における自分の決定力によって維持するという教授に認められた可能性を考慮して、学生側の年毎の評価によってこれを代替しようとする試みは、フンボルトの理念を愚かしいやり方で覆し、それを将来の特別手当に関連させるのは、マクドナルドでのその月の従業員の表彰と同列にあるものといってもよいでしょう。自己の知的財産を実務に役立たせることによって満足と経済的成功を求めようとする傾向が次第に教授たちの間に蔓延してきましたが、それは多くの分野で学問の自由を破壊し、経済的利益のための偽りの職務遂行へと形を変えました[33)]。そして、立法と大学行政によって、学外資金獲得（Drittmitteleinwerbung）の基準[34)]に従った資金の分配が再び強化されました。クラウス・ロクシンは、1マルクすら学外資金に頼る

33）すでにこれについて警告的なのは、*Schünemann*, GA 1995, 201, 227 ff.; その要約は、*Burkhardt*, in: Eser/Hassemer/Burkhardt（Hrsg.）Die deutsche Strafrechtswissenschaft vor der Jahrtausendwende, 2000, S. 134, 148.

34）vgl. Art 7 Abs. I Satz 4 3. Spiegelstrich BayHSchG vom 2. 10. 1998, そこでは、獲得された学外資金が大学の資金分配のための成果基準とされている。

ことなく彼の偉大な業績を成し遂げたことから、この基準によれば1人の助手ももたなかったであろうことは明らかです。アルトホフ・システムの中核たる講座制度と研究所制度は、部局制度の導入に取って替わられ、それによって学部内部の派閥形成が促され、またいわゆる経費削減改革によって行政経費が倍増するという二重の結果を招きました。法学研究はごく最近の研究・教育改革[35)]によってその学問的基礎が掘り崩され、すでに在学中に専門化のキマイラに惑わされていますが、それは、在学中の基礎が強固であればあるほど後の職業的専門化が容易になるという日常的経験に反するものです。そして研究の領域においては、孤独な天才の自由が、クラウス・ロクシンが模範的に実践したように、そのために予定されたであろう自然科学の領域においてのみならず精神科学や法律学においても、あらかじめ申請され委員会によって吟味された研究計画と研究者グループ（Forscherverbünden）の設置というモデルに、そしてついには「学位取得者団」（Graduiertenkolleg）という標語に取って替わられました。同時に、教授資格請求論文とともにドイツの法律学を特徴づける偉大な体系的モノグラフィーも廃止され[36)]、将来の年少教授の任用[37)]によって情実への道が開かれることになるでしょう。

法律学においてはとりわけ、クラスがマスに置き換えられ、インスピレーションの火花を発することのできない研究者グループにお

35） これについて、*Gressmann*, Die Reform der Juristenausbilding, 2002；*Windel*, Jura 2003, 79 ff.

36） §48 5. HRGÄndG. これに対して BVerfG に提起された規範審査の訴えの成りゆきが注目される。

37） §45 5. HRGÄndG.

いてはせいぜい百科事典的叙述しかできませんが、これに対して、少なくとも自然科学と工業科学の領域において一定の程度まで当てはまるかもしれないことがすべて、今日の研究条件の適用に必要なことであるか否かについて、私はここで多弁を弄するつもりはありません。しかし、それがどうであれ――ここで私が問題にしているのは、時代の変遷があったかもしれないということの確認だけです。つまり、そのように魅力のないものになった教授歴の領域では将来、勤勉なニーベルング族の主が支配することになり、巨人族の時代は終わったということです。

4　こうした発展は勿論、私たちの社会の変遷と正確に一致しているといえましょう。19世紀から伝えられてきたその教養ある市民の理想像は、私たちがクラウス・ロクシンにおいて遭遇し、時代の変遷を明らかならしめる第3の具現です。確かにこの理想は、今日においては、15才ころの生徒の能力に関する国際的比較をしたピサ研究（PISA-Studie）の不名誉な結末の後に、これを隠蔽するために用いられた政治的レトリックの婉曲表現の中で、確かに以前よりしばしば用いられます。しかし、現実の文化的発展は全く異なった経過をたどりました。すなわち、19世紀の文化的蓄積に属する、世人の最高の幸福としての人格の理想像から出発して、4つの大きな表章をもったポストモダン的な後期工業社会の大衆文化へと至りました。すべてが前もって大量に生産され、それによって安物の消費財になり果て、すべてが恣意的で、それによってひたすら経済的に計算されたモードの無意味な循環という夥しい停滞になり果て、すべてが娯楽へと形を変え、それによって現実的な人格決定のもつ誠実さを失ってしまいました。大衆も隣人も、一連のマスメディアによって生みだされた仮象の世界に溶けこみ、それによって結局、私的領域において孤立し、自己愛的で涙もろく、利己的な個人があとに残りました。本当は幼稚なその生活形態は、マスメディアによって広められ、とっくに意味を失ってしまった19世紀の文化的スローガンの霧によって曖昧にされ、それによって見せかけだけの個人的な生活形態のごまかしによる工業生産が隠蔽されているのです[38)]。

もちろん私は、今問題としている枠内でのそうした総括的な批評のもつ問題性を十分に認識し――それは十把一絡げ的な単純化からスタートし、客体レヴェルとメタレヴェルを許されない方法で混同することによって黙示録的な文化批判という周知の結論へ至るという、一定の年齢以上の批評家の身勝手な見解ですが――こうした極端な言い方をすると、私たちの祝賀をうける先生の同意を得ることを期待できないことになります。しかし、私が刑法学者の控えめな観点からそうした総括を初めて試みてから過ぎ去ったほぼ10年間だけでも、大胆な診断をますます確証させると思われる実に多くの新しい証拠が、グローバリゼイションの旗の下で提供されました。私はまさに、生態系のホロコーストの倦むことのない前進を言っているのであり、真にグローバル化した「世界経済」の側から個々の国家によってなお実行しうる法的限界を撤去することによって、あるいは際立った気候大変動に対する愚かしい無知のためアメリカ合衆国が京都議定書から一方的に離脱することによって、これを逆戻りさせることはほとんどできないように思われます[39)]。また、アメリ

38)　これについて若干の例証は、*Schünemann*, GA 1995, 208 ; *ders*. in : Kühne/Miyazawa (Fn. 31), 31 f. にある。

カ合衆国による政治的手段としての侵略戦争からの公式の名誉回復が図られましたが、国際刑事裁判所に関するローマ規約からアメリカ合衆国が離脱したことは、賛歌をもって歓迎された人道的な国際法の世界的な実行を軍事的に無力な国々のなぐさめへと貶めました。そして最後に、サテュロス劇によって悲劇を補完するために申し上げますが、いわゆる新市場（Neuer Markt）による数千億マルクの資金の無駄遣いを、私は金の子牛を求めるドイツの小市民の踊りのようだと思いますが、それは将来、形式的には許された集団的詐欺の最も著名な例として、犯罪学の教科書に載ることになるかもしれません。

この種の出来事を背景とすれば、裏返された構成要件的錯誤と裏返された禁止の錯誤を区別し、それによって白地犯罪構成要件において幻覚犯と不能未遂を区別することが、必ずしもすべてのヨーロッパの刑法文化において問題とされず、あるいは評価のフォーミュラの新たな作成を審議するための委員会によって、この問題を熟慮するに必要な時間が教授から奪われると嘆くのは、ほとんど過剰なことと思われます。リヒャルト・ヴァーグナーは、ほとんど知られていない彼の最後の世界観的な論文の中で、以前の彼の多くの過ちを取り消し、20世紀の破滅のパラドックスを予感していましたが、その論文は、「高貴なる祖先の楽園へ向かった私たちは幸いである！」[40)] という言葉で結ばれています。しかし、こうした諦めの態

39) それゆえ、私の確信によれば、この離脱は自然法的な犯罪概念にあたると考えられる。vgl. *Schünemann*, in : Schünemann/Müller/Philipps (Hrsg.), Das Menschenbild im weltweiten Wandel der Grundrechte, 2002, S. 3 ff.

度は法律家にはふさわしくなく、ましてクラウス・ロクシンの意図ではないでしょう。彼においては、マルチン・ルター（Martin Luther）の言葉とされる、世界が滅びる前の晩にリンゴの木を植えるという底なしの楽観主義に賛成するか、それともトーマス・マンやアルベール・カミュ（Albert Camus）の意味での英雄的な悲観主義に賛成するかは、どちらでもよいのです。刑法の教授は、その研究対象の大いなる疑わしさを自覚していても、そしてそれを自覚しているからこそ、拱手傍観していることは許されず、人間性のために倦むことなく活動し続けなければなりません。そのことをクラウス・ロクシンは私たちすべてに教えてくれたのであり、その手本を示してくれたのです。それに対して、私たちすべての者がここで感謝を捧げたいと思います。

40） Religion und Kunst, in: *Wagner*, Gesammelte Schriften und Dichtungen X, 1888, S. 253.

8　記念論文集の贈呈

ベルント・シューネマン
鈴木彰雄訳

心に満ちていることは言葉となってあらわれる、と世人は言いますが、それはまさに正鵠を射ています。もし皆様が、私がクラウス・ロクシンに向かって大言壮語のほら話をしたとお疑いならば、その誓言保証人として、彼の弟子のうち、すでに1963年の夏学期に幸運にも彼の講義の聴講を許された者の寄稿論文を挙げることにしましょう。すなわち、彼の最初の大学助手であるハンス＝ヨアヒム・ルドルフィ（Hans-Joachim Rudolphi）と、当時彼の学生であったハンス・アッヘンバッハ（Hans Achenbach）、クヌート・アメルンク（Knut Amelung）、ベルンハルト・ハフケ（Bernhard Haffke）、ヘロー・シャル（Hero Schall）、ユルゲン・ヴォルター（Jürgen Wolter）、そして私です。

それ以後に加わった学問上の弟子や友人同僚が、彼に敬意を表して、今日この世に出ることとなった記念論文集のために集まりましたが、その数の多さから、私は目次をすべて読み上げることすらできません。ここには86編もの論文が収められているからですが、因にそのうちの33編がドイツの外で活動している筆者によるものです。私はここで、意図的に「外国人」とは呼びません。と申しますのは、刑法学者はすでにして世界市民であり、私たちは技術的な意味で比較法学者ではありませんが、あるいはそうであるからこそ、私たちはロクシンの精神においてそれ以上のものとなっているからです。

さて、私がもっともな学問的好奇心を満足させ、記念論文集を先生に贈呈する前に、幾重にも感謝の言葉を申し上げる責任があることは勿論です。刑法学者は通常、まずもって「令夫人」たる妻に感謝しますが、それには3つの重荷が伴います。第1に、多くの夫人が感謝されるのは、まさにそれが経験上やましい気持ちの表明としての高カラットのダイヤモンドによって裏打ちされている場合ですから、夫は感謝を控えるべきこととなります。第2に、夫人への感謝が聴衆や記念論文集を贈呈される人をも困惑させることがあります。つまり、両人が別居していたり、離婚していたり、同棲していたり、生活を共にしているにすぎなかったり、あるいはもっと複雑な生活形態を営んでいる場合がそうです。そして第3に、夫が感謝するだけで、夫人にはその感謝の理由がわからない場合には、悪しき男性中心主義のように思われます。さらに、教授職にある夫婦に特徴的なことですが、教授資格のある者がいつも書斎に戻ってしまうことが、実はそこを出るまで夫婦関係を維持することになり、普通の場合とは逆に、教授資格のない他方の感謝を呼び起こすことになると言われます。それは、書斎をもたない夫婦がしばしば、いわゆる年金生活者の離婚に至ることを想起すれば明らかでしょう。

皆様がご存じのように、私がこうしたささやかな脱線話を失態なくできるのは、少し前に二重の祖父母となられたクラウス・ロクシンとイムメ・ロクシン（Imme Roxin）のご両人は、有り難いことにこの点について過敏ではなく、それどころか同等の権利をもつパートナーという理想を実行されました。それに対して、刑法学の専門家仲間は特別の感謝の気持ちを表さなければならないと思います。博士号をもつ弁護士でいらっしゃるイムメ・ロクシンは、いわば法律家としての職業生活の只中にあり、それによって、早くからカール・マイ（Karl May）によって鍛えられた先生の創造的なファンタジーに重要な現実的基盤を与えてくれました。彼が、ハタティトラやリーに替わって鞍を置いたペガサスに秘密を教えたときに、彼の妻は、その騎行が現世にとどまり、観念から生まれた問題ではなく、肉親による人間の問題を解決するよう配慮します。

こうした現実に根差した考え方を今私は自分のものとしなければなりません。教授の夫婦関係についてそれを理論化するのをやめて、むしろ記念論文集の誕生に積極的に寄与された方々への感謝を申し上げることにしましょう。私たちが特にお礼申し上げたいのは、すべての編集作業に根気強く不可欠な協力をされたペトラ・ケップフ（Petra Köpf）女史、ならびに、企画の時点から最後の作業過程まで並々ならぬ協力によってこの記念論文集の成立に寄与された、ヴァルター・デ・グルイター（Walter de Gruyter）出版のドロテー・ヴァルター（Dorothee Walther）博士であります。出版社の名前をドロテー・ヴァルター・デ・グルイターと申し上げて、重ねて心からお礼申し上げます！

刑法それ自身と人間の文化が如何にして将来性をもちうるかという今後長く続くであろう刑法学上の議論においては、このような分量の記念論文集は小さな一歩にすぎないかもしれません。私たちが感謝と尊敬の印として、さらなる実り豊かな年月を過ごされますよう心から祈念しつつ、親愛なるクラウスにこの論文集を「衷心から」捧げることができますならば、あなたは必ずや、86編の論文に含まれた思想と問題提起を構造的・批判的にとりあげ、ドイツ刑法学ならびに国際刑法学にさらなる歩みを印される最初の人となるでありましょう。

訳者後記

翻訳を終えるにあたって、記念式典の様子と何故このような本が出来上がったのかといういきさつについて書いておきたい。

今でも記憶に新しい2001年5月19日、敬愛するクラウス・ロクシン教授の古稀記念祝賀会に出席した。

当日、式典は、11時から、大学の中講堂を使って行われた。そこには、ドイツ国内および外国からの刑法学者と、大学関係者および弟子等を含め、多数の人達が、ロクシン教授夫妻の入場を待っていた。後で聞いた話であるが、北アメリカ大陸を除くすべての大陸からお祝いに駆けつけていたという。

式典は、ロクシン教授夫妻の入場で始まった。まずは、一番弟子のシューネマン教授による歓迎の辞が述べられ、それからは、法学部長のファストリッッヒ教授の祝辞という具合に、この本の目次に従って進行していった。最後は、ハフケ教授の「学問的業績およびそのスタイルについての考察」というテーマの講演が行われ、いよいよクライマックスの記念論文集の贈呈となった。壇上に進み出たロクシン教授にシューネマン教授から、ドイツ国内、国外の86名の教授が寄稿し、1579頁にもなった革表紙の特製の古稀記念論文集が手渡され、それをロクシン教授は、壇上で、右手で高々と差し上げ、少し上気した面持ちでお礼の挨拶を述べられた。親友シュプリンゴルム教授のユーモアーにあふれた祝辞もあり厳粛な内にもなごやかな雰囲気のある式典であった。

式典の後は、部屋を移して、軽食とシャンパン等で懇談が行われた。昔、論文を読み、どんな人だろうと憧れの気持ちを抱いていた、ドイツの刑法学者も多数出席していた。彼等とも、ロクシン教授夫妻の紹介で知り合いになれ、楽しくかつ有意義な時を過ごすことが出来た。会もたけなわの頃、シューネマン教授に連れられて、会場の一角に行くと、そこのテーブルの上に記念論文集が一冊開いて置いてあった。論文の寄稿者のみサインできることになっており，吉田教授もどうぞというので、サインした。

しかし、祝辞といい、会の進行といい、なんと温かく、人の心を包み込むような雰囲気なのであろうか。おそらくは、ロクシン教授自身の人柄によるものであろう。

懇親会も終わりに近づいたので、お礼の挨拶を兼ねて、シューネマン教授のところに行き、今日の祝辞をまとめて出版するつもりはないかと尋ねてみた。その予定はないと言う。そこで、私が、直接、ファストリッヒ法学部長、ハフケ教授およびスプリンゴルム教授に、原稿を私のところに送ってくださるようにお願いした。スプリンゴルム教授からは、内容的に大変私的なものも含まれているのでロクシン教授の承諾がいると、婉曲に断られたが、ファストリッヒ法学部長からは、まもなく原稿が日本に送られてきた。早速、我校の雑誌である「桐蔭論叢」第９号に翻訳を掲載した。その後、ハフケ教授の原稿を待っていたところ、案に相違して、シューネマン教授よりの手紙が届いた。祝辞をまとめて、一冊の本にするから、吉田教授が翻訳し、日本で出版して欲しいという文面であった。それが、本書の原本である。

懇親会は、午後２時頃終わったらしい。「らしい」と言うのは、私が、少し早めに退席したからである。贈呈式は、開始から、延々3時間超にも及んだことになるが、実に、和気藹藹とした充実した、楽しい会であった。

夕方6時からは、スタルンベルク湖西岸に建つカイゼリン・エリザベート・ホテルで、ロクシン教授夫妻主催の答礼パーティーが開かれた。同ホテルは、ミュンヘンから電車で1時間位の距離にあり、開始20分前頃に会場に着いたが、招待された人達は、既に、湖面の見えるテラスで、シャンパンを片手に、楽しい語らいの一時を過ごしていた。招待者全員が揃ったところで、ロクシン教授夫妻の案内で各々指定された席に着いた。総勢68名であった。ロクシン教授の奥さんであるインメ夫人が、料理の名手であることは、お宅を訪ねるたびに手作りの料理でもてなしていただいていたので判っていたが、その方の選んだフルコースの料理は、さすがに、美味なものであった。また、いつも我々のためにおいしいワインを準備してくださるロクシン教授のお眼鏡にかなったワインも、白も赤も、辛口ではあったが、会場の賞賛を一手にした感があった。楽しい時は、あっという間に過ぎ去り、終電車で、ミュンヘンのホテルに帰り着いた。本当に、心から祝福のエールを贈れる、すばらしい古稀祝賀会であった。夢のような1日が過ぎ去った。

読者諸賢には、既に、古稀記念祝賀会の様子と、この本の出来た経緯をご理解いただけたものと思う。そのため、今回は、私が、ロクシン教授の下へ留学されたことのある浅田和茂教授と、私の研究仲間である鈴木彰雄教授にお願いして、翻訳を出版させていただいた次第である。なお、東半球を代表して祝辞を述べられた齊藤誠二教授の部分については、教授とロクシン教授との特別の関係を考慮して、御自身に翻訳していただいた。この本が、クラウス・ロクシンという一人の人間の、正に、「人と業績と時代」を理解する一助となれば幸いである。

平成17年2月2日

訳者を代表して
桐蔭横浜大学法科大学院教授
吉田宣之

〈著者紹介〉

ベルント・シューネマン（Prof. Dr. Bernd Schünemann）（編者）
ルートヴィッヒ－マクシミリアン・ミュンヘン大学教授
ローレンツ・ファストリッヒ（Prof. Dr. Lorenz Fastrich）
ルートヴィッヒ－マクシミリアン・ミュンヘン大学教授
ホルスト・シューラー＝シュプリンゴルム（Prof. Dr. Horst Schüler-Springorum）
元ルートヴィッヒ－マクシミリアン・ミュンヘン大学教授
エンリケ・ギンベルナート＝オルダイク（Prof. Dr. Dr. h.c. mult. Enrique Gimbernat Ordeig）
コンプルテンセ・マドリッド大学教授
齊藤誠二（Prof. Dr. Dr. med. Seiji Saito）
中央大学教授
ベルンハルト・ハフケ（Prof. Dr. Bernhard Haffke）
パッサウ大学教授

〈訳者紹介〉

吉田宣之　桐蔭横浜大学法科大学院教授
浅田和茂　大阪市立大学大学院法学研究科教授
鈴木彰雄　名城大学大学院法務研究科教授

ロクシン刑事法学への憧憬

2005年（平成17年）2月25日　第1版第1刷発行
3140-0101：p112-b1000-p2500E

編　者　ベルント・シューネマン
訳者代表　吉田宣之
発行者　今井貴
発行所　信山社出版株式会社
〒113-0033 東京都文京区本郷6-2-9-102
電話 03（3818）1019
FAX 03（3818）0344
制作　株式会社 信山社

出版契約 3140-0101　Printed in Japan

印刷・製本／星野精版印刷・大三製本
ISBN 4-7972-3140-8 C3332
NDC 分類コード 326.010
3140：012-080-020